要件事実の考え方で解いてみよう

司法試験・予備試験の民法の解法

物権編

岡口 基一・著

創耕舎

はしがき

1　司法試験予備試験や司法試験の論文式試験の民法の問題は、初学者のうちは、とても難しく感じられます。

しかし、それは、民法の事例問題の「解き方」を知らないから、そのように感じられるだけなのかもしれません。本書で説明する「解法」を理解してしまえば、それほど難しい試験とは思わなくなることでしょう。

確かに、民法は、覚えなければならない知識が膨大であるため、途方に暮れてしまいますが、しかし、知識の多くは短答式試験のためのものであって、論文式試験ではそこまで多くの知識は必要ありません。

とりわけ、物権法の事例問題を解くための知識は驚くほど少なく、そのことは、本書の後半で、司法試験予備試験及び司法試験の過去問を解いてみることで、実感していただけると思います。実は、同じような問題が繰り返し出題されているだけなのです。

2　民法の物権法の事例問題には、これを正確かつ迅速に解くための「解法」があります。それが、要件事実の考え方を応用した「解法」です。

実際に、司法試験予備試験や司法試験の合格者の方々に話を聞いてみると、多くの方が、民法の論文式試験で物権法の問題が出ると、要件事実の考え方を使って解答をしています。

「解法」のセオリーに従って事例を分析していくだけなので、どんなに長文でノイズの多い問題文であっても怖くありません。「解法」のとおりに、必要な情報だけを抜き出し、それを整理することで、正解にたどり着きます。自分の解答が正解であるかどうかもわかるので、安心して試験を終えることができます。

3　なお、本書は、要件事実の考え方を応用した、民法の事例問題の「解法」を説明するものであって、要件事実そのものを解説するものではありません。

要件事実の学習をするのであれば、まずはその基礎的な理論である「総論」を、拙著・ゼロからマスターする要件事実（2022年、ぎょうせい）で学び、次に、売買、賃貸借、消費貸借といった「各論」を、拙著・要件事実入門（紛争類型別編）（第3版）（2024年、創耕舎）などで学ぶのが効率的です。私

は、伊藤塾で要件事実の講座を担当していますが、この二冊を指定テキストにしています。

　4　最後になりましたが、本書の作成には、創耕舎のみなさんに大変にお世話になりました。厚く御礼申し上げます。

令和7年2月

岡口　基一

❖ 凡　例 ❖

本書の略語は、以下のように用いた。

【法令】

　　本文中の根拠法令については、略語を用いずに正式名称で表記した。

【裁判所名】

　　大 ……………………大審院
　　最 ……………………最高裁判所

【判例集】

　　民録……………………大審院民事判決録
　　民集……………………大審院民事判例集
　　　　　　　　　　　　　最高裁判所民事判例集
　　刑集……………………大審院刑事判例集
　　裁判集民 ……………最高裁判所裁判集　民事

◈ 著者紹介 ◈

岡口　基一（おかぐち　きいち）

＜略歴＞

平成 6 年 4 月　　判事補

平成 11 年 4 月　　東京地方裁判所知的財産権部特例判事補

平成 16 年 4 月　　福岡地方裁判所行橋支部判事

平成 27 年 4 月　　東京高等裁判所判事

平成 31 年 4 月　　仙台高等裁判所判事

現在　　　　　　　伊藤塾専任講師

＜主要著書・論文＞

著書

『要件事実入門』（2014 年、創耕舎）

『裁判官！ 当職そこが知りたかったのです。』（2017 年、学陽書房）

『民事保全非訟マニュアル－書式のポイントと実務』（2019 年、ぎょうせい）

『裁判官は劣化しているのか』（2019 年、羽鳥書店）

『最高裁に告ぐ』（2019 年、岩波書店）

『要件事実問題集（5 版）』（2020 年、商事法務）

『民事訴訟マニュアル－書式のポイントと実務－上・下（第 3 版）』（2021 年、ぎょうせい）

『要件事実入門　初級者編第 3 版』（2022 年、創耕舎）

『ゼロからマスターする要件事実』（2023 年、ぎょうせい）

『破産・再生マニュアル 上・下』（2023 年、ぎょうせい）

『要件事実入門　司法試験予備試験出題形式編（第 2 版）』（2024 年、創耕舎）

『要件事実入門　紛争類型別編（第 3 版）』（2024 年、創耕舎）

『民事執行マニュアル 上・下』（2024 年、ぎょうせい）

『要件事実マニュアル 第 1 巻～第 5 巻（7 版）』（2024 年、ぎょうせい）

論文

「知的財産権事件と公証実務」公証 128 号（2000 年、日本公証人連合会）

「不正競争防止法 2 条 1 項 3 号」牧野利秋＝飯村敏明編『新裁判実務大系 4　知的財産関係訴訟法』（2001 年、青林書院）

「特許権侵害訴訟における要件事実」『知的財産権その形成と保護（秋吉稔先生喜寿記念論文集）』（2002 年、新日本法規）

「著作権侵害訴訟の種類」牧野利秋＝飯村敏明編『新裁判実務大系 22 著作権関係訴訟法』（2004 年、青林書院）

「継続的契約の解約」加藤新太郎＝小林康彦編『裁判官が説く民事裁判実務の重要論点』（2018 年、第一法規）

目　次

はしがき
凡　例
著者紹介

第1章
解法の解説編

第1節　基本編

第1　解法の概要 ……………………………………………………… 2
　　1 ▶概要／2　　2 ▶Aの所有権の確認（ステップ1、2）／3
　　3 ▶Bの占有権原の有無の確認（ステップ3）／4

第2　ステップ1の概要 ………………………………………………… 5
　　1 ▶概要／5
　　2 ▶［事例］中に「Aもと所有」の記載がある場合／5
　　3 ▶［事例］中に「Aもと所有」の記載がない場合／5
　　4 ▶結論／7

第3　ステップ2の概要 ………………………………………………… 8
　　1 ▶概要／8　　2 ▶所有権の喪失原因／8
　　3 ▶所有権の不取得原因／9　　4 ▶結論／11

第4　ステップ3の概要 ……………………………………………… 12
　　1 ▶概要／12　　2 ▶賃借権／12　　3 ▶使用借権／14
　　4 ▶留置権／14　　5 ▶法定地上権／14

第5　サンプル問題を解いてみよう（その1） ……………………… 16
　　［事例］／16　　［設問］／16　　［解法］／16　　［参考答案］／18
　　［備考：要件事実論による整理］／19

第6　サンプル問題を解いてみよう（その2） ……………………… 20
　　［事例］／20　［設問］／20　［解法］／20
　　［参考答案］／22　　［備考：要件事実論による整理］／22

i

第7　サンプル問題を解いてみよう（その3）‥‥‥‥‥24

[事例]／24　[設問]／24　[解法]／24

[参考答案]／25　　[備考：要件事実論による整理]／26

第2節　応用編

第1　建物収去土地明渡請求の場合‥‥‥‥‥27

1▶土地上に建物がある場合／27

2▶建物による土地の占有／27　　3▶物上請求権の内容／28

4▶解法の概要／28

5▶サンプル問題／28

第2　登記抹消請求の場合‥‥‥‥‥31

1▶概要／31　　2▶解法の概要／32

3▶Aの所有権の確認（ステップ1、2）／32

4▶Bの登記保持権原の有無の確認（ステップ3）／32

第3　共有の場合‥‥‥‥‥34

1▶概要／34

2▶共有者以外の者が当該物を不法占有している場合の解法／34

3▶共有不動産に共有者以外の者の無効な登記がある場合の解法／35

4▶共有者の一人が単独占有している場合の解法／35

第2章
解法の実践編

第1節　司法試験予備試験論文式試験の
民法の問題を解いてみよう

**第1　令和6年司法試験予備試験論文式試験問題
　　　[民法]　設問1(1)**‥‥‥‥‥38

[事例]／38　[設問]／39　[解法]／39

[備考：要件事実論による整理]／41

第2　令和6年司法試験予備試験論文式試験問題
［民法］設問1⑵ ·· 42
［事例］／42　［設問］／43　［解法］／43
［備考：要件事実論による整理］／45

第3　令和5年司法試験予備試験論文式試験問題
［民法］設問2⑴ ·· 46
［事例］／46　［設問］／47　［解法］／47
［備考：要件事実論による整理］／48

第4　令和5年司法試験予備試験論文式試験問題
［民法］設問2⑵ ·· 49
［事例］／49　［設問］／50　［解法］／50
［備考：要件事実論による整理］／52

第5　平成31年司法試験予備試験論文式試験問題
［民法］設問1 ·· 53
［事例］／53　［設問］／54　［解法］／54
［補足説明］／56　［備考：要件事実論による整理］／56

第6　平成31年司法試験予備試験論文式試験問題
［民法］設問2 ·· 58
［事例］／58　［設問］／59　［解法］／59
［備考：要件事実論による整理］／61

第7　平成27年司法試験予備試験論文式試験問題
［民法］設問1 ·· 62
［事例］／62　［設問］／63　［解法］／63
［備考：要件事実論による整理］／65

第8　平成23年司法試験予備試験論文式試験問題
［民法］設問 ·· 67
［事例］／67　［設問］／67　［解法］／68
［備考：要件事実論による整理］／70

第2節　司法試験論文式試験の
民法の問題を解いてみよう

第1　令和6年司法試験論文式試験
［民事系科目第1問］設問2 ··· 71
［事例］／71　［設問］／72　［解法］／72　［補足説明］／74
［備考：要件事実論による整理］／74

第2　令和3年司法試験論文式試験
［民事系科目第1問］設問1 ··· 76
［事例］／76　［設問］／77　［解法］／77
［備考：要件事実論による整理］／79

第3　平成29年司法試験論文式試験
［民事系科目第1問］設問1 ··· 80
［事例］／80　［設問］／82　［解法］／82　［補足説明］／83
［備考：要件事実論による整理］／84

第4　平成29年司法試験論文式試験
［民事系科目第1問］設問3 ··· 85
［事例］／85　［設問］／87　［解法］／87
［備考：要件事実論による整理］／89

第5　平成28年司法試験論文式試験
［民事系科目第1問］設問1 ··· 90
［事例］／90　［設問］／92　［解法］／92
［備考：要件事実論による整理］／94

第6　平成27年司法試験論文式試験
［民事系科目第1問］設問1 ··· 96
［事例］／96　［設問］／98　［解法］／98
［備考：要件事実論による整理］／100

第7　平成27年司法試験論文式試験
［民事系科目第1問］設問2 ··· 102
［事例］／102　［設問］／103　［解法］／104
［備考：要件事実論による整理］／106

第8　平成 21 年司法試験論文式試験
　　［民事系科目第 2 問］設問 1 ･････････････････････････････ 108
　　［事例］／ 108　［解法］／ 111
　　［備考：要件事実論による整理］／ 113

第9　平成 20 年司法試験論文式試験
　　［民事系科目第 1 問］設問 1 小問⑴ ･･････････････････ 115
　　［事例］／ 115　［設問］／ 117　［解法］／ 117
　　［備考：要件事実論による整理］／ 118

第10　平成 20 年司法試験論文式試験
　　［民事系科目第 1 問］設問 1 小問⑶ ･･････････････････ 120
　　［事例］／ 120　［設問］／ 120　［解法］／ 120
　　［補足説明］／ 121　［備考：要件事実論による整理］／ 121

v

第 1 章

解法の解説編

第1節
基 本 編

第1
解法の概要

1　概要

（1）　民法の論文式試験で物権法の事例問題が出題される場合、長文の［事例］に続いて、次のような［設問］があるのが通常です。

［設問例その1］

　Aが、Bに対し、当該動産の引渡しを請求できるかについて論じなさい。

［設問例その2］

　Aが、Bに対し、当該不動産の明渡しを請求できるかについて論じなさい。

　　▶動産の場合は「引渡し」を、不動産の場合は「明渡し」を請求します。「明渡し」とは、「引渡し」の一種であり、不動産の上にある物を全て撤去し、不動産内にいる人が全員退去し、何もない状態にして引き渡すことをいいます。

（2）　物の所有者は、当該物が不法に占有されると、所有権に基づく返還請求権を行使して、占有者に対し、その物の明渡し（又は引渡し）を請求することができます。

　　▶この「返還請求権」は、いわゆる物上請求権のうちの一つです。

　上記の［設問］は、この請求ができるかどうかを尋ねているものです。

　そこで、この請求が認められるためには、Aが当該物を所有していることと、Bが当該物を不法に占有していることが必要です。

（3）　実際の問題では、Bが当該物を占有していることは［事例］の中で必

第 1　解法の概要

ず明らかになっているため、検討が必要なのは、次の二つのことです。

　　i　Aが当該物を所有しているか否か
　　ii　Bによる占有が不法か否か

　(4)　そして、上記の［設問］は、要件事実の考え方を応用すると、次の順序で検討することで、迅速かつ確実に正解にたどりつきます。

　▶「要件事実の考え方」とは、当該返還請求権に基づいて民事訴訟が提起された場合に、訴訟当事者の主張をどのように整理するかについての考え方です。

　ステップ1：Aが当該物の所有権を取得したか否かの確認
　ステップ2：当該物の所有権を取得したAが、その後にそれを喪失等
　　　　　　したか否かの確認
　ステップ3：Bが当該物の占有権原を有しているか否かの確認

2　Aの所有権の確認（ステップ1、2）

● ア　概要

　まず検討すべきなのは、Aが当該物の所有者であるかどうかです。問題の［事例］において、Aが当該物の現在の所有者であることを明らかにしてくれていれば、それで足りるのですが、もちろん、そんな簡単な問題は滅多に出題されません。

　▶司法試験で、そういう出題がされたことがあります。

　▶これが問題文中で明らかになっていれば、ステップ1、2は不要であり、直ちにステップ3に進みます。

　そこで、問題の［事例］の記載から、Aが当該物の所有者であるか否かを検討することになりますが、それをステップ1とステップ2に分けて行います。

　この二つのステップに分けて分析することが、この「解法」のキモであり、初学者は、このツーステップ分析がきちんとできるようになれば、物権法の事例問題については、中上級者と実力が変わらなくなります。

　　▶この「解法」は、本書のオリジナルというわけではありません。要件事実の考え方を応用するとこういう「解法」になるというものです。

● イ　ステップ1

　(1)　ステップ1では、Aが過去に当該物の所有権を取得したか否かを確認します。

　問題の［事例］から、この所有権の取得原因となる事実等を探すのです。

3

第1章　解法の解説編　第1節　基本編

そして、これが発見できたら、次にステップ2に進みます。

(2)　他方、これが発見できなければ、Aは当該物の所有者ではないことになりますから、そこで、問題の検討は終了です。AはBに対し当該物の明渡し（又は引渡し）を請求できないというのが結論です。

▶**ステップ1で結論が出てしまう問題が、過去に出題されたことがあります。**

● **ウ　ステップ2**

(1)　ステップ2では、ステップ1で認められたAの過去の所有権が、現在までに喪失等していないかを確認します。

(2)　この喪失等が認められれば、Aは当該物の所有者ではないことになりますから、そこで、問題の検討は終了です。AはBに対し当該物の明渡し（又は引渡し）は請求できないというのが結論です。

(3)　他方、この喪失等が認められなければ、Aが当該物の所有者であることが確認できたことになります。

その場合、ステップ3に進みます。

3　Bの占有権原の有無の確認（ステップ3）

Bによる当該物の占有が不法か否かを確認するのがステップ3です。

Aが当該物の所有者であっても、Bの占有が適法であれば、AはBに当該物の明渡し（又は引渡し）を求めることはできません。

▶**この場合は、物上請求権としての返還請求権が発生しません。**

Bに当該物を占有する権原があれば、Bの占有は適法となります。その典型例は、当該物の賃借権です。

Bが、Aから、当該物を賃借しているのであれば、Bによる当該物の占有は、賃借権という占有権原に基づく適法なものです。この場合、その賃借権が存続している限り、AはBに対し当該物の明渡し（又は引渡し）を請求することができません。

▶**もっとも、Bに占有権原がなく、不法な占有がされているのに、AがBに当該物の明渡し（又は引渡し）を請求できないことがあります。その請求をすることが権利の濫用に当たる場合です。司法試験で出題されたことがあります。**

4

第2 ステップ1の概要

第2
ステップ1の概要

1　概要

　ステップ1では、Aが当該物の所有権を過去に取得したか否かを確認します。

2　［事例］中に「Aもと所有」の記載がある場合

　［事例］に、Aが過去に当該物の所有者であったことの記載があれば、それで足ります。ステップ1はそれで終わりとなり、ステップ2に進みます。

　▶過去に所有していたことを「もと所有」といいます。

3　［事例］中に「Aもと所有」の記載がない場合

● ア　概要

　［事例］に、Aが過去に当該物の所有者であったことの記載がない場合、A以外の者（以下「C」とします）が過去のある時点において当該物の所有者であったことの記載がありますから、それを探します。

　次に、［事例］に、上記時点の後に、Aが当該物の所有権を取得する原因となる事実がありますから、それを探します。この原因事実には下記イ～オのものがあります。

● イ　承継取得（特定承継）の場合

　Aは、当該物の所有権をCから承継取得することがあります。

　承継取得の原因は、売買などの典型契約のほかに、代物弁済の合意、遺贈、民事執行における買受などがあり、様々です。

　例えば、［事例］中に、CがAに当該物を売ったとの記載があれば、それによりAが当該物の所有権を取得します。

5

第1章　解法の解説編　第1節　基本編

● ウ　二重譲渡の場合

　Cが当該物をAとBに譲渡している場合があります。

　AとBは対抗関係となり、対抗要件を備えた方が優先します。Bが優先すれば、Aは所有権を取得できません。

　この場合、ステップ1ではCA間譲渡だけを確認し、CB間譲渡はステップ2に回します。Bへの譲渡が、Aへの譲渡より、時間的に前であってもです。

　これは、要件事実論において、そのように処理しているため、それに従うものですが、慣れるまでには少し時間がかかるかもしれません（とりわけ、CB間譲渡の方が時間的に前である場合です）。

　そこで、CからAへの譲渡が確認できたら、ステップ2に進みます。

```
C    →    A   （←ステップ1で確認）
↓ （ステップ1では無視）
B
```

● エ　承継取得（一般承継）の場合

a　概要

　AがCの推定相続人である場合、Aは相続により当該物の所有権を取得することがあります。

▶**当該物を他者に取得させる遺言があれば、Aは当該物を相続できませんから、かかる遺言がない場合です。**

b　単独相続の場合

　Aが単独相続人であれば、Cの死亡により、AがCから当該物を相続して所有権を取得します。

c　共同相続の場合

　A以外にも相続人がいる場合、次のようになります。

①　Aに当該物を相続させる遺言（特定財産承継遺言）（民法1014条2項）がある場合

　Cが死亡すると、当該物は、遺産分割協議を経ずに、相続開始と同時に、直ちにAに帰属します（最判平成3年4月19日民集45巻4号477頁）。

　もっとも、Aが法定相続分を超える相続をした場合、超過部分は、対抗要件を具備しなれば、第三者に対抗できません（民法899条の2第1項）が、それはステップ2で検討します。

6

第2 ステップ1の概要

② Aに当該物を相続させる遺言がない場合

㋐ Cが死亡すると、当該物はとりあえず遺産共有となり、Aは遺産共有持分を取得します。

㋑ 共同相続人全員による遺産分割協議（又は調停、審判）がされ、それにより、Aが当該物の所有権を取得することがあります。

　　もっとも、Aが法定相続分を超える相続をした場合、超過部分は、対抗要件を具備しなければ、第三者に対抗できません（民法899条の2第1項）が、それはステップ2で検討します。

㋒ 司法試験予備試験・司法試験では、㋐の段階で、共同相続人の一人が、自己の遺産共有持分を第三者に譲渡する事例がよく出題されます。

　　これにより、当該物は、この第三者とその余の共同相続人との物権共有となります（最判昭和50年11月7日民集29巻10号1525頁）。

● **オ　原始取得の場合**

過去のある時点においてCが当該物の所有者でしたが、その時点の後に、Aが当該物を即時取得（又は時効取得）することがあります。

この場合、［事例］には、即時取得（又は時効取得）の要件に該当する事実が記載されていますから、全ての要件が満たされているかを確認します。

▶ **Aの占有期間が10年以上であれば、時効取得を必ず検討しましょう。**

4　結論

Aが過去に当該物の所有権を取得したことがなければ、Aは当該物の所有者でありませんから、そこで結論が出ます。AのBに対する所有権に基づく当該物の明渡（又は引渡）請求は認められません。

他方、所有権の取得が確認できれば、次にステップ2に進みます。

第1章　解法の解説編　第1節　基本編

第3
ステップ２の概要

1　概要

　ステップ２では、ステップ１で確認されたＡの所有権が、喪失等していないかを確認します。「喪失等」とは、喪失（下記２）又は不取得（下記３）です。

2　所有権の喪失原因

● ア　概要
　ステップ１で確認されたＡの過去の所有権が、現在までに喪失していないかを確認するものです。この喪失原因には、下記イ〜オのものがあります。

● イ　Ａによる当該物の譲渡
　Ａが所有権を喪失する典型例は、Ａが、当該物の所有者になった後、当該物を他人に譲渡した場合です。譲渡原因は、売買などの典型契約のほかに、代物弁済の合意などもあり、様々です。

　もっとも、この譲渡原因である売買契約等の契約が解除されると、Ａは所有権を喪失しなかったことになるのが原則です（例外は、第三者が対抗要件を具備した場合です）。契約の無効、取消しなどの場合もあります。

● ウ　他人による当該物の原始取得
　Ａが当該物の所有権を取得した後、他人が当該物の所有権を即時取得（又は時効取得）することで、Ａが当該物の所有権を喪失することもあります。

　▶当該物が動産である場合は、この即時取得が、過去の司法試験でも繰り返し出題されています。

● エ　不動産競売
　Ａが当該不動産の所有権を取得した後、それが不動産競売の目的とされた場合、買受人がその代金を納付すると、当該不動産の所有権は、Ａから買受人に移転し（民事執行法188条・79条）、Ａは当該不動産の所有権を喪失し

8

● オ 外観法理

Aが当該物の所有権を取得した後、第三者が外観法理の適用により当該物の所有権を取得することで、Aが当該物の所有権を喪失することもあります。

民法94条2項、同法95条4項などの明文の規定がある場合のほか、同法94条2項の類推適用のように解釈による場合もあります。

3 所有権の不取得原因

● ア 概要

ステップ1では、前主CからAに所有権が移転したように思われましたが、実は、請求相手であるBがAに優先することで、Aへの所有権移転の効力が否定されることがあります。そういう場合か否かを確認するものです。

● イ 二重譲渡の他の譲受人による対抗要件具備

CからAとBに当該物が二重譲渡され、Bが対抗要件を具備した場合です。

Aへの所有権移転の効力が否定されますから、Aは当該物の所有権を取得していなかったことになります。

この場合、CがBに当該物を譲渡した事実と、Bが対抗要件を具備した事実の有無を確認します。

● ウ 相続を挟んだ二重譲渡

Cが死亡しそれをDが相続したとします。Cが生前にAに当該物を譲渡し、Cの死後にDが当該物をBに譲渡し、対抗要件を具備しました。

一般承継の場合、CとDを同一人として優先関係を検討しますから、C（＝D）から、AとBに二重譲渡がされたことになります。そこで、この場合、Aへの所有権移転の効力が否定されます。

この場合、Cの相続人DがBに当該物を譲渡した事実と、Bが対抗要件を具備した事実の有無を確認します。

第1章 解法の解説編 第1節 基本編

```
C      →      A
↓ （相続）
D
↓
B （対抗要件具備）
```

● エ 法定相続分を超える遺産の相続

（1）　Cが死亡し、AとDが共同相続人である場合に、Aが法定相続分を超える遺産を相続したものとします。相続させる遺言による場合（例えば「全財産をAに相続させる」との内容の遺言」）、相続分の指定による場合、遺産分割による場合があります。

この場合、超過部分は、対抗要件を具備しなければ、第三者に対抗できません（民法899条の2第1項）。

（2）　例えば、Cの遺産が当該物だけであり、それをAが全部相続したとします。

その後、Dが、当該物を第三者Bに譲渡したとします。

▶Dには、当該物のAの遺産共有持分を処分する権限はありませんが、自己の遺産共有持分については、C（＝D）という立場で二重に処分できます。そこで、当該物のDの遺産共有部分は、C（＝D）から、AとBに、二重に物権変動したことになります。

この場合に、Bが対抗要件を具備してしまうと、Dの遺産共有持分については、Aへの所有権移転の効力が否定されます。

当該物は、BとAの物権共有となります。

● オ 対抗関係にある抵当権者による対抗要件具備

CからAに当該物が譲渡され、CがBのために当該物に抵当権を設定し、Bが対抗要件を具備した場合です。

BとAは対抗関係に立ちますが、Bが対抗要件を具備したことで、Aへの所有権移転の効力は否定されます。

この場合、CがBのために当該物に抵当権を設定した事実と、Bが対抗要件を具備した事実の有無を確認します。

第3　ステップ2の概要

4　結論

⑴　Aの所有権喪失又は不取得が確認できれば、Aは当該物の所有者ではないことになりますから、そこで結論が出ます。AのBに対する所有権に基づく当該物の明渡（又は引渡）請求は認められません。

▶もっとも、上記3エのように、所有権の一部喪失・一部不取得に留まる場合は例外です。この場合、Aは、当該物の共有者となりますから、本章第2節「第3　共有の場合」の話になります。

⑵　Aの所有権喪失又は不取得が確認できなかったときは、Aが所有者であることが認められましたから、ステップ3に進みます。

11

第1章 解法の解説編 第1節 基本編

第4
ステップ3の概要

1 概要

　ステップ1、2により、Aが当該物の所有者であることが認められても、当該物を占有する権原がBにあれば、Bの占有は適法なものとなるため、AはBに対し所有権に基づき当該物の明渡し（又は引渡し）を請求することができません。そこで、Bの占有権原の有無を確認するものです。

2 賃借権

● ア 概要

　占有権原の代表例は賃借権です。

　問題の［事例］中に、以下の事実があることを確認します。

> ① ＡＢ間で、Aが当該物をBに賃貸する旨の賃貸借契約が成立したこと
> ② Aが、①に基づいて、当該物をBに引き渡したこと

　これらの事実があれば、Bはその賃借権に基づいて当該物を占有しているわけですから、Bの占有は適法です。

● イ 前主と賃貸借契約を締結した場合

　Bが、Aの前主Cから当該物を賃借して引渡しを受け、その後、CからAに当該物の所有権が移転する場合もあります。

　この場合、Bは、対抗要件を具備していなければ、賃借権をAに対抗できません（いわゆる「売買は賃貸借を破る」ないしは「地震売買」）。

　そこで、この場合は、Bの対抗要件具備の有無も確認する必要があります。

　▶対抗要件としては、賃借建物の引渡し（借地借家法31条）、借地上の建物の

12

登記（借地借家法10条1項）が出題されることが多いです。

● ウ　賃貸借契約が終了した場合

　Bが、占有権原である賃借権を有していたとしても、これが消滅することもあります。当該賃貸借契約が終了した場合です。

　この場合は、占有権原が消滅していますから、Bの占有が適法とはいえず、AのBに対する所有権に基づく当該物の明渡（又は引渡）請求は認められることになります。

　賃貸借契約の終了原因としては、賃貸期間の満了、賃貸借契約の解除などがあります。

● エ　他人物賃貸借の場合

(1)　例えば、Dが、Aに無断で、Aの所有物をBに賃貸しても、それによって発生するBの賃借権は、DB間でしか効力を有しない債権的なものにすぎません。

　この場合、Dは、Aから、当該物を賃貸する権限を付与される必要があります。当該賃貸借についての追認を得るなどです。

▶これは、例えば、賃借人が賃借物を転貸する際に、賃貸人からその承諾を得るのと同じです。

▶Dは、この追認を得る義務を、Bに対して負います（民法559条・561条）。

　この追認がされれば、Bの賃借権は占有権原となります。

(2)　上記(1)の例で、Aが死亡して、DがAを相続すれば、上記の追認がされたのと同じですから、Bの賃借権は占有権原となります。

▶いわゆる「他人物賃貸借と相続」です。「無権代理人と相続」と共に、司法試験予備試験、司法試験でよく出題されます。

13

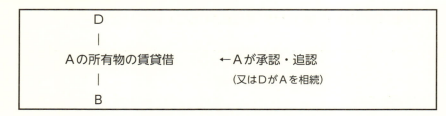

● オ 賃借権を時効取得した場合

賃借権は時効取得することができます（最判昭和43年10月8日民集22巻10号2154頁）から、これが占有権原になることもあります。

▶他人物賃貸借の場合も、賃借権の時効取得が認められます（最判昭和62年6月5日裁判集民151号135頁）。

3　使用借権

使用借権も占有権原になり得ます。基本的な構造は賃借権の場合と同じです。

▶もっとも、使用借権には対抗要件の制度はありません。売買によって完全に破られます。

4　留置権

Bが留置権に基づいて当該物を占有している場合も、Bの占有は適法です。そして、この場合も、Bに占有権原があるという言い方ができます（吉川眞一・判例タイムズ1175号87頁、89頁注63参照）。

▶質権に基づく場合も同様です。令和4年の司法試験予備試験口述試験に出題されました。

5　法定地上権

土地の所有者が、競売によって当該土地の所有権を取得した場合は、法定地上権（民法388条）の成否の検討が不可欠です。

法定地上権は、もちろん、占有権原になります。

同条によると、土地及びその上に存する建物が同一の所有者に属する場合

第4　ステップ3の概要

において、その土地又は建物につき抵当権が設定され、その実行により所有者を異にするに至ったときは、その建物について、法定地上権が成立します。

第1章　解法の解説編　第1節　基本編

第5
サンプル問題を解いてみよう（その1）

[事例]

1　Xは、令和2年4月5日、ノートパソコン（以下「Aパソコン」という）を、その所有者である甲から、代金20万円で買い、その引渡しを受けたが、同月15日、Aパソコンを図書館に置き忘れ、その際、何者かに同パソコンを盗まれた。

2　乙は、知人である丙に対し、令和5年12月24日、Aパソコンを、代金4万円で売り、これを引き渡した。丙は、その際、同パソコンの所有者が誰であるかを確認するために、同パソコンの裏面のシールを見たところ、持ち主の氏名欄に、「本人乙」との記載があったことから、乙が同パソコンの所有者であると信じて、同パソコンを買った。

3　丙は、令和6年2月10日、Xの知人であるYに対し、Aパソコンを代金5万円で売り、これを引き渡したが、その際、Yは、同パソコンが、従前、Xが使っていたものであることに気付いた。

4　Yは、現在も、Aパソコンを占有している。

[設問]

　Xは、Yに対し、Aパソコンの引渡しを請求した。Xの請求が認められるかについて論じなさい。

[解法]

1　物権の問題であることの確認

　まず、本問が物権的請求の問題であることを確認します。ＸＹ間に債権債務関係があれば、先に債権的な請求の可能性を検討します。本問の場合、この関係がなく、請求の根拠となり得るのは所有権だけですから、物権的請求の問題です。

　▶物権の問題なのか債権の問題なのかの確認作業は大変に重要です。令和6年

16

第5　サンプル問題を解いてみよう（その1）

　司法試験予備試験の民事実務科目の論文式試験では、物権的請求の問題であるにもかかわらず、賃貸借契約終了に基づく債権的請求について論じてしまった受験生が続出しました。

2　Yの占有の確認

　相手方が当該物を占有している事実は、必ず［事例］中にありますが、一応それを確認しておきましょう。

　本問でも、［事例］の4項に、それがあります。

3　ステップ1：Xの所有権取得の有無の確認

　(1)　まず、［事例］中に、Xが過去にAパソコンを所有していた旨の記載があるか否かを確認します。

　この記載があれば、Xが過去にAパソコンの所有者であったことが確認できましたから、ステップ1を終えて、ステップ2に進みます。

　しかし、本問の［事例］には、この記載がありません。

　(2)　上記(1)の記載がない場合、［事例］から、X以外の者が過去のある時点においてAパソコンを所有していた旨の記載を探します。

　［事例］の1項に、甲が令和2年4月5日にAパソコンを所有していた旨の記載があります。

　(3)　次に、［事例］から、上記(2)の時点以降に、Xが当該物の所有権を取得する原因となる事実を探します。

　［事例］の1項に、甲が令和2年4月5日にXにAパソコンを売ったとの事実があります。

　(4)　XがAパソコンの所有権を取得したことが確認できましたから、ステップ1を終えて、ステップ2に進みます。

4　ステップ2：Xの所有権の喪失（又は不取得）の有無の確認

　［事例］から、XがAパソコンの所有権を喪失した（又は不取得であった）原因となる事実を探します。

　［事例］の2項に、乙丙間でAパソコンの売買がされた事実がありますが、即時取得の要件（民法192条）を具備していますから、これにより、丙はAパソコンの所有権を即時取得し、Xは同パソコンの所有権を喪失します。

　▶なお、盗難時から2年が経過していますから、盗品であっても即時取得します（民法193条）。

　XがAパソコンの所有権を喪失したことが確認できましたから、ステップ3に進むまでもなく、ここで検討は終わりです。

17

第1章　解法の解説編　第1節　基本編

5　結論

XはAパソコンの所有者ではありませんから、XのYに対する所有権に基づく同パソコンの引渡請求は認められません。

なお、［事例］の3項は、解答者を惑わすためのノイズです。この項に、Xの所有権の再取得に関する記載があれば意味がありますが、その記載はありませんから、単なるノイズです。実際の試験にもこういうノイズがたくさんありますが、「解法」を理解していれば、こういうノイズを気にせずに済みます。

　　［参考答案］

1　Xは、Yに対し、所有権に基づいてAパソコンの引渡請求をすることが考えられる。そのためには、Xが同パソコンの所有者であること、Yが同パソコンを不法に占有していることが必要であるが、まず、前者から検討する。

2(1)　Xは、令和2年4月5日、Aパソコンを、その所有者である甲から、代金20万円で買い、同パソコンの所有権を取得した。

(2)　しかし、乙が、丙に対し、令和5年12月24日、Aパソコンを代金4万円で売り、これを引き渡したところ、これにより丙が同パソコンの所有権を即時取得すると、Xは同パソコンの所有権を喪失することから、この即時取得の成否を検討する。

　　民法192条によると、取引行為によって、平穏に、かつ、公然と、動産の占有を始めた者は、善意であり、かつ、過失がないときは、当該動産を即時取得するところ、丙は、乙との取引行為である売買契約に基づき、その目的であるAパソコンの引渡しを受けたことで、同パソコンという動産の占有を始めたものであり、それは、平穏、かつ、公然となされたと認められること、その際、丙は、乙が同パソコンの所有者であると信じており善意であったこと、丙は、同パソコンの裏面のシールで所有者の確認をしており、乙が同パソコンの所有者であると信じるのに過失がなかったというべきであることからすると、同条所定の要件は全て具備されているというべきである。

　　したがって、丙はAパソコンの所有権を即時取得したものであり、これにより、Xは同パソコンの所有権を喪失した。

(3)　以上によると、Xは、Aパソコンの所有者ではないから、Yに対し、

第5　サンプル問題を解いてみよう（その1）

> 　所有権に基づいて同パソコンの引渡しを求めることはできない。
> 3　また、他に、XがYに対しAパソコンの引渡しを求める法的根拠も
> ないから、XのYに対する同パソコンの引渡請求は認められない。

[備考：要件事実論による整理]

1　訴訟物

　所有権に基づく返還請求権としての動産引渡請求権

2　請求原因

⑴　甲は、令和2年4月5日、Aパソコンを所有していた。

⑵　甲は、Xに対し、令和2年4月5日、Aパソコンを代金20万円で売った。

⑶　Yは、Aパソコンを占有している。

3　請求原因に対する認否

　請求原因⑴、⑶は認め、その余は不知ないし否認する。

4　抗弁（所有権喪失）

　乙は、丙に対し、令和5年12月24日、Aパソコンを代金4万円で売り、これを引き渡した。

5　抗弁に対する認否

　抗弁事実は不知ないし否認する。

> ▶要件事実論では、即時取得については、取引行為があったこと、引渡しがあったことのみを主張立証すれば足り、民法192条所定の、それ以外の要件については、その反対事実を相手方が主張立証すべきであると考えられています（民法186条1項参照）。

19

第1章 解法の解説編 第1節 基本編

第6
サンプル問題を解いてみよう（その2）

[事例]

1 Yは、令和3年12月4日、甲から、同人の所有する同人名義のA土地を贈与され、同月5日に引渡しを受けた。

2 Xは、令和4年4月5日、甲に対し、ドクターキリコの絵画を100万円で売り、同年5月5日、その代金の支払に代えて、甲から、A土地を譲り受けた。

3 Yは、A土地を駐車場として使用していたが、Xから電話があり、同土地の明渡しを求められた。そこで、Yは同土地が自己の土地であることを明らかにする必要を感じ、甲から過去に提供されていた書類を利用し、令和4年5月14日、同土地につき、贈与を原因とする所有権移転登記を経由した。

4 Yは、現在もA土地を占有している。

[設問]

Xは、Yに対し、A土地の明渡しを請求した。Xの請求が認められるかについて論じなさい。

[解法]

1 物権の問題であることの確認

ＸＹ間には債権債務関係がありませんから、請求の根拠として考えられるのは所有権だけです。したがって、本問は物権的請求の問題です。

2 Yの占有の確認

相手方が当該物を占有していることは、必ず［事例］中にありますが、一応それを確認しておきましょう。

本問も、［事例］の4項に、その記載があります。

20

第6 サンプル問題を解いてみよう（その2）

3　ステップ1：Xの所有権取得の有無の確認

（1）　まず、［事例］中に、Xが過去にA土地を所有していた旨の記載があるか否かを確認します。

この記載があれば、Xが過去にA土地の所有者であったことが確認できましたから、ステップ1を終えて、ステップ2に進みます。

しかし、本問の［事例］には、この記載がありません。

（2）　上記(1)の記載がない場合、［事例］から、X以外の者が過去のある時点においてA土地を所有していた旨の記載を探します。

［事例］の1項に、甲が令和3年12月4日にA土地を所有していた旨の記載があります。

（3）　次に、［事例］から、上記(2)の時点以降に、Xが当該物の所有権を取得する原因となる事実を探します。

［事例］の2項に、甲が、令和4年4月5日に、Xに対する債務の弁済に代えて、Xに対しA土地を譲渡したとの事実があります。

代物弁済契約が成立したということであり、これにより代物であるA土地の所有権が甲からXに移転します。

▶**なお、弁済としての効力は、対抗要件具備時に発生します（判例）が、そのことは本問とは無関係です。**

（4）　XがA土地の所有権を取得したことが確認できましたから、ステップ1を終えて、ステップ2に進みます。

4　ステップ2：Xの所有権の喪失（又は不取得）の有無の確認

［事例］から、XがA土地の所有権を喪失した（又は不取得であった）原因となる事実を探します。

［事例］の1、3項に、Yが甲からA土地の贈与を受け、その所有権移転登記を経由したとの事実があります。

XYは対抗関係となり、Yが対抗要件を具備しましたから、Xへの所有権移転の効力は否定されます。

XにはA土地の所有権が移転していなかったことが確認できましたから、ステップ3に進むまでもなく、ここで検討は終わりです。

5　結論

XはA土地の所有者ではありませんから、XのYに対する所有権に基づく同土地の明渡請求は認められません。

21

第1章　解法の解説編　第1節　基本編

［参考答案］

1　Xは、Yに対し、所有権に基づいてA土地の明渡請求をすることが考えられる。

　　そのためには、XがA土地の所有者であること、Yが同土地を不法に占有していることが必要であるが、まず前者を検討する。

2(1)　A土地は、甲がもと所有していたものであるが、Xは、令和4年4月5日、甲に対し、ドクターキリコの絵画を100万円で売り、同年5月5日、その代金の支払に代えて、甲から、A土地を譲り受けた。

(2)　他方、Yも、令和3年12月4日、甲から、A土地を贈与され、令和4年5月14日、同土地につき、贈与を原因とする所有権移転登記を経由した。

(3)　このように、A土地は、甲からXとYに譲渡されたものであるが、同土地の所有権移転登記を経由したYがXに優先するから、Xへの所有権移転の効力は否定される。

(4)　以上によると、Xは、A土地の所有者ではないから、Yに対し、所有権に基づいて、同土地の明渡しを求めることはできない。

3　また、他に、XがYに対しA土地の明渡しを求める法的根拠もないから、XのYに対する同土地の明渡請求は認められない。

［備考：要件事実論による整理］

1　訴訟物

　所有権に基づく返還請求権としての土地明渡請求権

2　請求原因

(1)　甲は、令和3年12月14日、A土地を所有していた。

(2)　Xは、甲に対し、令和4年4月5日、ドクターキリコの絵画を代金100万円で売った。

(3)　甲は、Xに対し、令和4年5月5日、上記売買代金債務の支払に代えて、A土地を譲渡した。

(4)　Yは、A土地を占有している。

3　請求原因に対する認否

　請求原因(1)、(4)は認め、その余は不知ないし否認する。

4　抗弁（対抗要件具備による所有権喪失）

(1)　甲は、Yに対し、令和3年12月14日、A土地を贈与した。

22

第6　サンプル問題を解いてみよう（その2）

⑵　Yは、令和4年5月14日、A土地につき所有権移転登記を経由した。

5　抗弁に対する認否

　抗弁事実は不知ないし否認する。

第1章 解法の解説編 第1節 基本編

第7
サンプル問題を解いてみよう（その3）

[事例]

1 Aは、令和6年2月1日、その所有する甲建物を、Bに対し、賃料月額8万円、賃貸期間2年と定めて賃貸し、これを引き渡した。

2 Aは、Cとの間で、令和6年4月5日、甲建物を、Cの所有する乙建物と交換した。

3 Bは、現在も、甲建物に住んでいる。

[設問]

Cは、Bに対し、令和6年5月2日、甲建物の明渡しを請求した。Cの請求が認められるかについて論じなさい。

[解法]

1 物権の問題であることの確認

ＣＢ間には債権債務関係がありませんから、請求の根拠として考えられるのは所有権だけです。したがって、本問は物権的請求の問題です。

2 Bの占有の確認

相手方が当該物を占有していることは、必ず［事例］中にありますが、一応それを確認しておきましょう。

本問でも、［事例］の3項に、それがあります。

3 ステップ1：Cの所有権取得の有無の確認

(1) まず、［事例］中に、Cが過去に甲建物を所有していた旨の記載があるか否かを確認します。

この記載があれば、Cが過去に甲建物の所有者であったことが確認できましたから、ステップ1を終えて、ステップ2に進みます。

しかし、本問の［事例］には、この記載がありませんでした。

(2) 上記(1)の記載がない場合、［事例］から、C以外の者が過去のある時

24

第 7　サンプル問題を解いてみよう（その 3）

点において甲建物を所有していた旨の記載を探します。

　［事例］の 1 項に、Aが令和 6 年 2 月 1 日に甲建物を所有していた旨の記載があります。

　(3)　次に、［事例］から、上記(2)の時点以降に、Cが当該物の所有権を取得する原因となる事実を探します。

　［事例］の 2 項に、令和 6 年 4 月 5 日に、AがCとの間で、Aの所有する甲建物と、Cの所有する乙建物を交換したとの事実があります。

　(4)　Cが甲建物の所有権を取得したことが確認できましたから、ステップ 1 を終えて、ステップ 2 に進みます。

4　ステップ 2 ：Cの所有権の喪失（又は不取得）の有無の確認

　［事例］から、Cが甲建物の所有権を喪失した（又は不取得であった）原因となる事実を探します。

　本問の［事例］には、それがありません。Cが甲建物の所有者であることが確認できましたから、次に、ステップ 3 に進みます。

5　ステップ 3 ：Bの占有権原の有無の確認

　［事例］の 1 項には、BがAから甲建物を賃借し、引渡しを受けたとの記載があります。この引渡しがされたことで、Bは、この賃借権を、Aから甲建物を譲り受けたCにも対抗できます（借地借家法 31 条）。

　Bには、Cにも対抗できる、甲建物の占有権原があることが確認できました。

6　結論

　したがって、Cは甲建物の所有者ですが、Bには同建物の占有権原があり、それをCに対抗することができますから、CのBに対する所有権に基づく同建物の明渡請求は認められません。

　［参考答案］

1　Cは、Bに対し、所有権に基づいて甲建物の明渡請求をすることが考えられるが、そのためには、Cが甲建物の所有者であること、Bが同建物を不法に占有していることが必要である。

2　そこで、まず、Cが甲建物の所有者であるか否かを検討する。

　　甲建物を所有していたAは、Cとの間で、令和 6 年 4 月 5 日、同建物を、Cの所有する乙建物と交換した。

　　これにより、Cは、甲建物の所有権を取得したが、その後、Cがこ

25

第1章　解法の解説編　第1節　基本編

の所有権を喪失したことはないから、Cは同建物の所有者である。

3　次に、Bによる甲建物の占有が不法か否かを検討する。

　　Bは、令和6年2月1日、Aから、その所有する甲建物を賃借し、その引渡しを受けたところ、建物の賃貸借は、その登記がなくても、建物の引渡しがあったときは、その後その建物について物権を取得した者に対し、その効力を生ずる（借地借家法31条）から、Bは、この賃借権を、同年4月5日にAから甲建物を譲り受けたCにも対抗することができる。

　　Bは、この賃借権に基づいて甲建物を占有しているのであるから、Bによる同建物の占有は適法であり、Cは、Bに対し、所有権に基づいて同建物の明渡しを求めることはできない。

4　また、他に、CがBに対し甲建物の明渡しを求める法的根拠もないから、CのBに対する同建物の明渡請求は認められない。

[備考：要件事実論による整理]

1　訴訟物

　所有権に基づく返還請求権としての建物明渡請求権

2　請求原因

　(1)　Aは、令和6年4月5日、甲建物を所有していた。

　(2)　Aは、Cとの間で、令和6年4月5日、甲建物を、Cの所有する乙建物と交換した。

　(3)　Bは、甲建物を占有している。

3　請求原因に対する認否

　請求原因(1)、(3)は認め、その余は不知ないし否認する。

4　抗弁（占有権原）

　(1)　Aは、令和6年2月1日、甲建物を所有していた。

　(2)　Aは、令和6年2月1日、Bに対し、甲建物を賃料月額8万円で賃貸し、これを引き渡した。

5　抗弁に対する認否

　抗弁(1)は認め、(2)は不知ないし否認する。

第2節
応用編

第1
建物収去土地明渡請求の場合

1　土地上に建物がある場合

　土地の所有者が、その土地の不法占有者に対し、土地の明渡しを求める場合、これまでは、その土地の上には建物がないという前提で説明をしてきました。

　しかし、土地上に建物がある場合もあります。例えば、Aの土地上に、Bが、不法に、建物を建築して、同建物を所有している場合です。

　このような場合、問題の「事例」に続いて、次のような「設問」があるのが通常です。

　[設問例]

　　Aが、Bに対し、建物を収去して土地を明け渡すことを請求できるかについて論じなさい。

2　建物による土地の占有

　Aの土地上に、B所有の建物がある場合、その建物があることで、その敷地部分は、Bによって占有されていると考えます。

27

第1章　解法の解説編　第2節　応用編

3　物上請求権の内容

　Aの所有土地上にB所有建物がある場合、当該土地はBによって占有されているわけですから、その占有が不法であれば、土地の所有者であるAは、Bに対し、当該土地の明渡しを求めることができます。

　この場合、土地を明け渡す（＝土地上の物を全てなくしてから引き渡す）ためには、建物を収去することが必要です。そこで、土地の所有権に基づいて、建物を収去して土地を明け渡すことを請求できるというわけです。

4　解法の概要

　以上のとおり、土地所有者による物上請求権の行使には、土地上に建物がない場合の「土地明渡請求」と、土地上に建物がある場合の「建物収去土地明渡請求」がありますが、これらは、基本的には同じものです。「明渡し」の際に、土地上の建物を収去するかしないかという違いがあるだけです。

　そこで、AがBに建物収去土地明渡請求できるかという問題の「解法」も、本章第1節の基本編でのそれと何ら変わりがないことになります。

> ステップ1：Aが土地の所有権を取得したか否かの確認
> ステップ2：土地の所有権を取得したAが、その後にそれを喪失等したか否かの確認
> ステップ3：土地についてのBの占有権原の有無の確認

5　サンプル問題

　例えば、本章第1節「第6　サンプル問題を解いてみよう（その2）」の問題において、A土地上にB建物があり、XがYに対しB建物の収去とA土地の明渡しを求めるものであったとすると、設問、参考答案、要件事実論による整理は次のように変わります。

　　［設問］
　Xは、Yに対し、B建物を収去してA土地を明け渡すことを請求した。Xの請求が認められるかについて論じなさい。

第1 建物収去土地明渡請求の場合

[参考答案]

1 Xは、Yに対し、A土地の所有権に基づいて、B建物を収去してA土地を明け渡すことを請求をすることが考えられる。

そのためには、XがA土地の所有者であること、YがA土地上にあるB建物を所有することでA土地を不法に占有していることが必要であるが、まず前者を検討する。

2(1) A土地は、甲がもと所有していたものであるが、Xは、令和4年4月5日、甲に対し、ドクターキリコの絵画を100万円で売り、同年5月5日、その代金の支払に代えて、甲から、A土地を譲り受けた。

(2) 他方、Yも、令和3年12月4日、甲から、A土地を贈与され、令和4年5月14日、同土地につき、贈与を原因とする所有権移転登記を経由した。

(3) このように、A土地は、甲からXとYへと二重に譲渡されたものであるが、Yが所有権移転登記を経由したことでXに優先するから、Xへの所有権移転の効力は否定される。

(4) 以上によると、Xは、A土地の所有者ではないから、Yに対し、同土地の所有権に基づいて、B建物を収去して同土地を明け渡すことを請求することはできない。

3 また、他に、Xが、Yに対し、B建物を収去してA土地を明け渡すことを請求する法的根拠もないから、XのYに対する同建物を収去して同土地を明け渡す請求は認められない。

[備考：要件事実論による整理]

1 訴訟物

所有権に基づく返還請求権としての土地明渡請求権

2 請求原因

(1) 甲は、A土地をもと所有していた。

(2) Xは、甲に対し、令和4年4月5日、ドクターキリコの絵画を代金100万円で売った。

(3) 甲は、Xに対し、上記売買代金債務の支払に代えて、A土地を譲渡した。

(4) Yは、B建物を所有してA土地を占有している。

3 請求原因に対する認否

請求原因(1)、(4)は認め、その余は不知ないし否認する。

29

第1章 解法の解説編　第2節　応用編

4　抗弁（対抗要件具備による所有権喪失）

(1)　甲は、Yに対し、令和3年12月14日、A土地を贈与した。

(2)　Yは、令和4年5月14日、A土地につき所有権移転登記を経由した。

5　抗弁に対する認否

抗弁事実は不知ないし否認する。

第2 登記抹消請求の場合

第2
登記抹消請求の場合

1 　概要

　(1)　司法試験予備試験、司法試験の論文式試験の民法の物権法の問題は、物の明渡（又は引渡）請求が出題されるのが通常ですが、それ以外に、もう一つ、登記抹消請求というものが出題されることがあります。

　この場合、問題の「事例」に続いて、次のような「設問」があるのが通常です。

　[設問例]
　　Ａが、Ｂに対し、当該不動産にされたＢ名義の〇〇登記の抹消を請求できるかについて論じなさい。

　(2)　不動産の所有者は、当該不動産に無効な登記がされると、所有権に基づく妨害排除請求権を行使して、その登記の名義人に対し、その登記の抹消を請求することができます。上記の「設問」は、この請求ができるかどうかを尋ねているものです。

　　▶妨害排除請求権は、いわゆる物上請求権のうちの一つです。

　そこで、この請求が認められるためには、Ａが当該不動産を所有していることと、当該不動産に無効なＢ名義の登記があることが必要です。

　実際の問題では、当該不動産にＢ名義の登記があることは「事例」の中で必ず明らかになっているため、検討が必要なのは、次の二つのことです。

　　ⅰ　Ａが当該不動産を所有しているか否か
　　ⅱ　Ｂ名義の登記が無効か否か

31

第1章　解法の解説編　第2節　応用編

2　解法の概要

　AがBに当該登記の抹消を請求できるかという問題は、要件事実の考え方を応用すると、次の順序で検討することで正解にたどりつきます。

> ステップ1：Aが当該物の所有権を取得したか否かの確認
> ステップ2：所有権を取得したAが、その後にそれを喪失等したか否かの確認
> ステップ3：Bの登記保持権原の有無の確認

3　Aの所有権の確認（ステップ1、2）

　これについては、本章第1節のこれまでの説明と全く同じです。

4　Bの登記保持権原の有無の確認（ステップ3）

● **ア　概要**

　当該登記が有効なものであれば、Aは、当該不動産の所有者であったとしても、Bに対し、その抹消を請求することができません。

　▶**この場合は、物上請求権としての妨害排除請求権が発生しません。**

　そして、司法試験予備試験、司法試験では、Bに当該登記を保持する権原があれば、B名義の登記は有効であると考えて構いません。

　▶**実際には、さらに、当該登記が登記手続的にも有効であるか否かの検討が必要です。**

● **イ　典型例**

　例えば、抵当権設定登記の保持権原は、当該抵当権です。

　債権者Bが、債務者Aとの間で、その債務を担保するために、Aの所有する不動産に抵当権を設定する契約を締結し、これに基づいて、その不動産に、Bを抵当権者とする抵当権設定登記がされた場合、Bは、この登記を保持する権原を有していますから、Aはその抹消を請求することができません。

● **ウ　抵当権設定後の目的物の所有権の移転**

　上記イで、抵当権設定登記がされた後に、当該不動産の所有権がAからDに移転することもありますが、この登記がされていることで、Bは、この抵

第 2 　登記抹消請求の場合

当権をDにも対抗することができます。

　Bは、Dに対抗できる登記保持権原を有しているということですから、D
がBに対し所有権に基づいて当該登記の抹消を請求しても、それは認められ
ません。

33

第1章 解法の解説編 第2節 応用編

第3
共有の場合

1 概要

　これまで、物の単独所有者が物上請求権を行使する場合を見てきましたが、そうではなく、物の共有者の一人が同請求権を行使する場合もあります。

　この場合、設問は、次のようなものであり、見た目は、単独所有の場合と変わりません。もっとも、「事例」の中で、Ａが当該物の共有者のうちの一人であることが明らかにされています。

[設問例]

Ａが、Ｂに対し、当該物の明渡しを請求できるかについて論じなさい。

2 共有者以外の者が
当該物を不法占有している場合の解法

　(1)　共有者の一人は、共有物を不法占有している者に対し、その明渡し（又は引渡し）を請求することができるというのが判例（大判大正10年6月13日民録27輯1155頁）です。

　そのため、共有持分権を取得すれば、不法占有者に対し、当該物の明渡（又は引渡）請求ができることになります。

　したがって、上記1の「Ａが、Ｂに対し、当該物の明渡しを請求できるか」という問題は、次の順序で検討することとなります。

　　ステップ1：Ａが当該物の共有持分権を取得したか否かの確認
　　ステップ2：共有持分権を取得したＡが、その後にそれを喪失等したか否かの確認
　　ステップ3：Ｂが当該物の占有権原を有しているか否かの確認

34

第3 共有の場合

(2) 要するに、これまでの「Aの所有権」が、「Aの共有持分権」に変わるだけです。

そして、ステップ1の共有持分権の取得原因は、その大半が相続絡みです。とりわけ、遺産共有になった後に共同相続人の一人がその共有持分を第三者に譲渡する例がよく出題されています。これにより、この第三者とその余の共同相続人との物権共有となる（最判昭和50年11月7日民集29巻10号1525頁）ものです。

3　共有不動産に共有者以外の者の無効な登記がある場合の解法

共有不動産に共有者以外の者の無効な登記がある場合、その者に対し、共有者の一人は、その登記の抹消を請求することができるというのが判例（最判昭和31年5月10日民集10巻5号487頁）です。

そのため、共有持分権を取得すれば、当該登記の名義人に対し、その登記の抹消請求ができることになります。

したがって、「Aが、Bに対し、当該不動産にあるB名義の登記の抹消を請求できるか」という問題であれば、次の順序で検討することとなります。

> ステップ1：Aが当該不動産の共有持分権を取得したか否かの確認
> ステップ2：共有持分権を取得したAが、その後にそれを喪失等したか否かの確認
> ステップ3：Bが当該登記の保持権原を有しているか否かの確認

4　共有者の一人が単独占有している場合の解法

(1) 共有物を共有者の一人が単独占有している場合に、その明渡し（又は引渡し）を他の共有者が求めることができるという問題が出ることもあります。

この問題の解法は、令和3年民法改正で共有に係るルールが変わったこともあって、本書でこれまで扱ってきた物権法の事例問題の解法というよりは、新しくできた共有の条文の当てはめによるものになっています。

(2) 共有者のうちの誰に共有物を利用させるかは、共有物の「管理に関す

35

第1章　解法の解説編　第2節　応用編

る事項」に属しますから、各共有者の持分の価格の過半数で決します（民法
252条1項）。

　そこで、共有物を共有者の一人が単独占有している場合、その利用をやめ
させるには、共有持分価格の過半数による決定が必要であり、この決定をす
ることなく明渡し（又は引渡し）を求めることはできません（最判昭和41
年5月19日民集20巻5号947頁）。

　　▶この場合の他の共有者の保護は、不当利得又は不法行為による金銭的なもの
　　となります（最判平成12年4月7日裁判集民198号1頁）。

　(3)　例えば、ＡＢの共有物を、Ｂが単独占有しており、Ａが、Ｂに対し、
その明渡し（又は引渡し）を求める場合、ステップ1、2により、Ａの共有
持分権の存在が確認されると、ステップ3に進みますが、Ｂも共有者であり、
ＡＢ間で共有物の利用に係る決定がされていないことが確認されれば、Ａは
Ｂに対し共有物の明渡し（又は引渡し）を求めることができないことになり
ます。

第2章

解法の実践編

第1節
司法試験予備試験論文式試験の民法の問題を解いてみよう

第1
令和6年司法試験予備試験
論文式試験問題［民法］設問1(1)

［事例］

1　Aが機関長として搭乗するタンカー甲は、令和3年4月1日、太平洋上で消息を絶った。

　　令和4年6月22日、甲の船体の一部が洋上を漂流しているところを発見され、調査の結果、甲は、令和3年4月1日未明に発生した船舶火災によって沈没したことが明らかになった。同じ頃、甲の乗組員数名の遺体及び所持品の一部が発見されたが、Aの遺体は含まれていなかった。

2　Aの推定相続人は、子B及び子Cである。Aは、乙土地（時価2000万円相当）を所有しているが、そのほかに見るべき財産はない。

3　令和4年6月23日、Bは、Aについて管轄の家庭裁判所に失踪の宣告を請求し、同年8月1日、失踪の宣告がされた。

4　Aは、平成30年4月1日、以下の内容の自筆証書遺言に係る同日付遺言書（以下「本件遺言書」という。）を適法に作成し、封筒に入れて厳封した上で、自室の机の引出しに入れておいた。

　⑴　乙土地をCに相続させる。

　⑵　前項に記載以外の財産は、各相続人の法定相続分に従って相続させる。

5　令和4年8月24日、Bは、遺産分割協議書等の必要な書類を偽造して、乙土地について相続を原因とする自己への所有権移転登記手続を

第1　令和6年司法試験予備試験論文式試験問題［民法］設問1(1)

した。その上で、Bは、Dに対して、同月25日、乙土地を代金2000万円で売り渡し、その旨の登記がされた。Dは、現在も乙土地を占有している。

6　令和4年8月30日、CがAの部屋を片付けていたところ、机の引出しから本件遺言書を発見し、これを管轄の家庭裁判所に提出して検認を請求し、同年9月14日、適法に検認が行われた。

［設問］

Cは、Dに対して、所有権に基づき、乙土地の明渡しを請求した。Dからの反論にも言及しつつ、Cの請求が認められるかについて論じなさい。

　　［解法］
1　物権の問題であることの確認

まず、本問が物権的請求であることを確認します。予備試験ということもあって、［設問］に「所有権に基づき」との記載をしてくれています。そこで、本問は物権的請求の問題であることが明らかです。

2　Dの占有の確認

相手方が当該物を占有していることは、必ず［事例］中に記載がありますが、一応それを確認しておきましょう。

［事例］の5項の「Dは、現在も乙土地を占有している。」との部分です。

3　ステップ1：Cの所有権取得の有無の確認

(1)　まず、［事例］中に、Cが過去に乙土地を所有していた旨の記載があるか否かを確認します。本問ではこれがありません。

(2)　次に、［事例］から、C以外の者が過去のある時点において乙土地を所有していた旨の記載を探します。

［事例］の2項に、Aが、（令和3年4月1日より前から）乙土地を所有していたとの記載があります。

(3)　次に、［事例］から、上記(2)の時点以降に、Cが当該物の所有権を取得する原因となる事実を探します。

［事例］の2項によると、Aの推定相続人はBとCであり、［事例］の4項によると、Aは「乙土地をCに相続させる」との遺言をしており、［事例］の1項によると、Aは危難失踪し、［事例］の3項によると、Aは失踪宣告を受けています。

39

第2章　解法の実践編　第1節　司法試験予備試験論文式試験の民法の問題を解いてみよう

　この失踪宣告により、Aは、危難が去った時（令和3年4月1日頃）に死亡したとみなされました（民法31条）から、相続が開始し、上記遺言により、乙土地はCが相続しました。

　Cが乙土地の所有権を取得したことが確認できましたから、ステップ1を終えて、ステップ2に進みます。

4　ステップ2：Cの所有権の喪失（又は不取得）の有無の確認

　⑴　［事例］から、Cが乙土地の所有権を喪失した（又は不取得であった）原因となる事実を探します。

　⑵　［事例］の5項には、BがDに乙土地を売ったとの事実がありますから、これによりCの所有権が喪失しないか（又は不取得とならないか）を検討します。

　［事例］の2項によると、Aの生前の財産は、ほぼ乙土地だけであったということですから、その全部を遺言により相続したCは、自己の法定相続分（2分の1）を超える相続をしたことになり、その超過部分（残りの2分の1）は、対抗要件を具備しなければ第三者に対抗できません（民法899条の2第1項）。

　ところが、［事例］の5項によると、Cがこの対抗要件を具備する前に、Dが、Aの推定相続人であるBから乙土地を譲り受けてしまい、しかも、Dは、この譲受けにつき、所有権移転登記を経由しています。

　そこで、Cは、乙土地の所有権のうちの2分の1は「不取得」だったことになり、その部分はBD間売買によりDが取得したことになります。

　もっとも、Cは、乙土地の残りの2分の1の共有持分があれば、単独で物上請求権を行使することができます。そのことが確認できたので、ステップ2を終えて、ステップ3に進みます。

5　ステップ3：Dの占有権原の有無の確認

　上記4のとおり、Dは乙土地の共有者であり、2分の1の共有持分を有しています。

　共有者のうちの誰に共有物を利用させるかは、共有物の「管理に関する事項」に属しますから、各共有者の持分の価格の過半数で決します（民法252条1項）。

　そこで、共有物を共有者の一人が占有している場合、その占有を排除するには、共有持分価格の過半数による決定が必要であり、この決定をすることなく、その占有を排除することはできません（最判昭和41年5月19日民集

20巻5号947頁）。

そこで、CがDの占有を排除するためにも、この決定がされたことが必要ですが、［事例］中に、その事実はありませんから、CはDに対し乙土地の明渡しを求めることができないことになります。

6　結論

したがって、Cは乙土地の共有持分権を有していますが、Dも同土地の共有者であり、Dの占有の排除に係る共有者間での決定はされていませんから、CのDに対する同土地の明渡請求は認められません。

［備考：要件事実論による整理］

1　訴訟物

所有権に基づく返還請求権としての土地明渡請求権

2　請求原因

(1)　Aは、乙土地をもと所有していた。

(2)　Aが機関長として搭乗するタンカー甲は、令和3年4月1日、太平洋上で船舶火災により沈没した。

(3)　令和4年8月1日、Aの失踪の宣告がされた。

(4)　CはAの子である。

(5)　Dは、乙土地を占有している。

3　請求原因に対する認否

請求原因(1)、(5)は認め、その余は否認又は不知。

4　抗弁

(1)　BはAの子である。

(2)　Bは、Dに対し、令和4年8月25日、乙土地を代金2000万円で売った。

5　抗弁に対する認否

抗弁は否認ないし不知。

▶再抗弁は主張自体失当です。

▶要件事実論では、相続についての「非のみ」説というものがあるため、請求原因が「実態」と乖離します。このように、要件事実論をそのまま「適用」して論文式試験の民法の問題を解いてしまうと、かえって混乱するため、「応用」にとどめるのが得策です。

41

第2章　解法の実践編　第1節　司法試験予備試験論文式試験の民法の問題を解いてみよう

第2
令和6年司法試験予備試験
論文式試験問題［民法］設問1(2)

［事例］

1　Aが機関長として搭乗するタンカー甲は、令和3年4月1日、太平洋上で消息を絶った。令和4年6月22日、甲の船体の一部が洋上を漂流しているところを発見され、調査の結果、甲は、令和3年4月1日未明に発生した船舶火災によって沈没したことが明らかになった。同じ頃、甲の乗組員数名の遺体及び所持品の一部が発見されたが、Aの遺体は含まれていなかった。

2　Aの推定相続人は、子B及び子Cである。Aは、乙土地（時価2000万円相当）を所有しているが、そのほかに見るべき財産はない。

3　令和4年6月23日、Bは、Aについて管轄の家庭裁判所に失踪の宣告を請求し、同年8月1日、失踪の宣告がされた。

4　Aは甲の沈没後に外国漁船によって救出されていたが、諸般の事情から帰国できないでいた。Aは、令和4年8月5日頃、Bに電話をして無事を伝えたが、Bは、Aの滞在する地域の情勢等から帰国は困難であると判断し、友人Fに、Aは生存しているものの帰国は困難であることを伝え、その財産の処分について相談したほかは、この事実を誰にも話さずに秘匿していた。Aの滞在する地域は外国との通信が厳しく制限されており、前記の電話のほかにAの生存を伝えるものはなかった。

5　令和4年8月24日、Cは、適法に相続放棄の申述を行った。同月25日、乙土地について、相続を原因とするAからBへの所有権移転登記がされた。同年10月20日、Bは、Aの生存を知らない不動産業者Eに対して、代金2000万円で乙土地を売り渡し、その旨の登記がされた。その際、Bは、Eに対して、「ひょっとしたら1年後くらいに1割増しで買い戻すかもしれないので、その間は他の人に処分しないでほしい。」と申し向けていた。

42

第2 令和6年司法試験予備試験論文式試験問題〔民法〕設問1⑵

6 令和5年6月19日、Eは、Fから「Bから乙土地の買戻しの話は聞いていると思うが、今のところ、Bには十分な資金がない。そこで、Bと話し合った上で、私が乙土地を購入することになった。」と聞き、Bにも確認した上で、Fに対して、乙土地を代金2200万円で売り渡し、その旨の登記がされた。Fは、現在も乙土地を占有している。

7 Aは、令和5年6月24日、住所地に帰来した。その後、Aの請求を受けた管轄の家庭裁判所は、Aの失踪の宣告を取り消した。

〔設問〕

Aは、Fに対して、所有権に基づき、乙土地の明渡しを請求した。Fの反論にも言及しつつ、Aの請求が認められるかについて論じなさい。

〔解法〕

1 物権の問題であることの確認

まず、本問が物権的請求であることを確認します。予備試験ということもあって、〔設問〕に「所有権に基づき」との記載をしてくれています。そこで、本問は物権的請求の問題であることが明らかです。

2 Fの占有の確認

相手方が当該物を現在占有していることは、必ず設問中にありますが、一応それを確認しておきましょう。

〔事例〕の6項の「Fは、現在も乙土地を占有している。」の部分です。

3 ステップ1：Aの過去の所有権取得の有無の確認

まず、〔事例〕中に、Aが過去に乙土地を所有していた旨の記載があるか否かを確認します。

これが〔事例〕の2項にありました。「Aは、乙土地（時価2000万円相当）を所有している」との記載です。

Aが過去に乙土地を所有していたことが確認できましたから、ステップ1を終えて、ステップ2に進みます。

4 ステップ2：Aの所有権の喪失（又は不取得）の有無の確認

⑴ 〔事例〕から、Aが乙土地の所有権を喪失した（又は不取得であった）原因となる事実を探します。

⑵ 〔事例〕の5項では、BがEに乙土地を売っていることから、これによってAが同土地の所有権を喪失したかを確認します。

43

［事例］の１項によるとＡは危難失踪し、［事例］の３項によると、Ａの失踪宣告がされており、［事例］の５項によると、この失踪宣告により乙土地はＡからＢに相続され、さらに、ＢはＥに同土地を売りました。ところが、［事例］の７項によると、その後、この失踪宣告が取り消されます。

　この失踪宣告の取消しにより、失踪宣告は初めからされなかったことにされ、Ａの相続も開始しなかったことになります。Ｂは乙土地の所有者ではなかったことになりますから、ＢＥ間売買によってもＥは乙土地の所有権を取得しないのが原則です。

　もっとも、民法32条１項後段では、「失効宣告の取消しは、失踪の宣告後その取消し前に善意でした行為の効力に影響を及ぼさない」とされています。そして、ここでいう「善意」とは、売買契約のような譲渡契約の場合、契約当事者双方の善意が必要とされています（大判昭和13年２月７日民集17巻59頁）。

　［事例］の４項によると、Ｂは、Ａが生存していることを知っていましたから、ここでいう「善意」に当たりません。ＢＥ間売買は、双方善意ではないため、民法32条１項後段は適用されません。

　したがって、ＢＥ間売買によっても、Ｅは乙土地の所有権を取得せず、Ａは同土地の所有権を喪失しませんでした。

　(3)　［事例］の６項では、失踪宣告の取消し前に、ＥがＦに乙土地を売っていますが、これによってＡが同土地の所有権を喪失したかを確認します。

　上記(2)のとおり、Ｅは乙土地の所有権を取得していませんから、ＥＦ間売買によっても、Ｆは乙土地の所有権を取得しないのが原則です。

　そして、［事例］の４項によると、Ｆは、Ａの生存を知っていたとのことであり、善意ではありませんから、民法32条１項後段は適用されません。

　したがって、ＥＦ間売買によっても、Ｆは乙土地の所有権を取得せず、Ａは同土地の所有権を喪失しませんでした。

　(4)　そして、［事例］中に、他に、Ａの乙土地の所有権を喪失させる事実もありませんから、Ａは乙土地の所有者です。そのことが確認できましたから、次にステップ３に進みます。

5　ステップ３：Ｆの占有権原の有無の確認

　［事例］から、Ｆの占有権原の発生原因となる事実を探します。

　本問の［事例］には、これがありませんでした。

6 結論

したがって、Aは乙土地の所有者であり、かつ、Fには同土地の占有権原がありませんから、AのFに対する所有権に基づく同土地の明渡請求は認められます。

[備考：要件事実論による整理]

1 訴訟物

所有権に基づく返還請求権としての土地明渡請求権

2 請求原因

(1) Aは、乙土地をもと所有していた。

(2) Fは、乙土地を占有している。

3 請求原因に対する認否

請求原因事実は認める。

▶抗弁は全て認められません。

第2章　解法の実践編　第1節　司法試験予備試験論文式試験の民法の問題を解いてみよう

第3
令和5年司法試験予備試験
論文式試験問題［民法］設問2(1)

［事例］

1　Bは、令和5年4月27日、コレクターCとの間で、Cが所有する古美術の壺乙に関して、次の内容を含む契約（以下「本件委託契約」という。）を締結した上で、同日、Cから乙の引渡しを受け、これをBの店舗内に展示することになった。

(1)　Bは、Cから引き渡された乙につき、これを無償でCのために善良なる管理者の注意義務をもって管理し保管するものとする。他方で、CはBに対し、乙をBの店舗内において顧客に展示し、Bの名において販売する権限を与えるものとする。

(2)　Bが乙を顧客に対して販売したときは、CがBに対し乙を代金180万円で販売する旨の契約が当然に成立するものとし、乙の所有権は、CからBに直ちに移転するものとする。なお、BのCに対する代金の支払期限は、当該売買契約成立日の翌月末日とする。

(3)　Bは、乙につき顧客に対して販売する前にCから返還請求があったときは、乙の顧客への販売権限を当然に失い、直ちに、乙をCに対し返還しなければならないものとする。

2　令和5年5月初めから、Bの店舗には、顧客Dが頻繁に訪れて、展示物を鑑賞していた。なかでも、Dは乙に強い関心を示し、Bにいろいろと質問をしたため、BはDの質問に答えたが、その際、乙の所有者がCであることは説明しなかった。同月25日頃、BはDに対して、200万円で乙を販売してもよいという意向を示した。それに対してDは、しばらく考えたいと返事を留保した。

3　令和5年6月1日、Cは、Bの資金繰りが悪化したとの情報を入手したため、Bに対し、本件委託契約の契約条項(3)に基づき乙の返還を請求する旨の通知を発し、当該通知は同日中にBに到達した。しかし、Bは乙の展示を継続した。

46

第3 令和5年司法試験予備試験論文式試験問題［民法］設問2(1)

4 令和5年6月2日、Bは、前記3の通知を受けたにもかかわらず、Bの店舗を訪れて乙購入の意向を示したDとの間で、Bを売主、Dを買主とし、代金を200万円とする乙の売買契約を締結した。Bは、乙を無償でDの自宅に後日配送するものとし、Dは、その場で代金200万円の全額を支払った。売買契約時、Dは乙について、Bが所有者であると信じていた。Bは、Dとの売買契約が成立した直後に、Dに対し、「乙は、以後DのためにBが保管する。」と告げ、売却済みの表示を施した。その後、Bは、乙を梱包してBの店舗のバックヤードに移動した。

5 Cが、令和5年6月3日、Bの店舗に赴いたところ、バックヤードで梱包済みの乙を発見し、渋るBを説き伏せて乙の引渡しを受け、自宅に持ち帰った。後日、Dは、Cに対し、乙の引渡しを請求した。

［設問］

DはCに対して、所有権に基づいて乙の引渡しを請求することができるかについて論じなさい。

［解法］

1 物権の問題であることの確認

まず、本問が物権的請求であることを確認します。予備試験ということもあって、［設問］に「所有権に基づいて」との記載をしてくれています。そこで、本問は物権的請求の問題であることが明らかです。

2 Cの占有の確認

相手方が当該物を現在占有していることは、必ず設問中にありますが、一応それを確認しておきましょう。

［事例］の5項の「乙の引渡しを受け、自宅に持ち帰った。」との部分です。

3 ステップ1：Dの所有権取得の有無の確認

(1) まず、［事例］中に、Dが過去に乙壺を所有していた旨の記載があるか否かを確認します。本問ではこれがありません。

(2) 次に、［事例］から、D以外の者が過去のある時点において乙壺を所有していた旨の記載を探します。

［事例］の1項に、Cが令和5年4月27日に乙壺を所有していたとの記載があります。

(3) 次に、［事例］から、上記(2)の時点以降に、Dが乙壺の所有権を取得

47

第 2 章　解法の実践編　第 1 節　司法試験予備試験論文式試験の民法の問題を解いてみよう

する原因となる事実を探します。

　［事例］の 4 項に、B が D に令和 5 年 6 月 2 日に乙壺を売ったとの事実が
あります（以下「BD 間売買」といいます。）から、これによって、D が乙
壺の所有権を取得したか否かを検討します。

　(4)　B が、C から与えられた処分権限に基づいて BD 間売買をしたので
あったのであれば、その効果が、乙壺の所有者である C にも及びますから、
これにより、乙壺の所有権が C から D に移転し、D は乙壺の所有権を取得し
ます。

　しかし、［事例］の 3 項によると、BD 間売買に先立ち、B の上記処分権
限は消滅していましたから、BD 間売買によって D が乙壺の所有権を承継取
得したということはありません。

　(5)　BD 間売買は、乙壺という動産を目的とするものですから、これによ
り、D が同壺の所有権を即時取得したか否かを検討します。

　この場合、即時取得の要件である「占有を始めた」の具備が問題となります。
というのは、［事例］の 4 項によると、D は、BD 間売買に基づいて、占有
改定により占有を取得したにすぎないからです。

　占有改定による占有の取得の場合は、即時取得は成立しないとするのが判
例（最判昭和 32 年 12 月 27 日民集 11 巻 14 号 2485 頁、最判昭和 35 年 2 月
11 日民集 14 巻 2 号 168 頁）です。

　▶**もっとも、学説には、全面否定説のほかに、一定の場合には即時取得を認め**
　る折衷説もあります。

　したがって、BD 間売買によって D が乙壺の所有権を即時取得したという
こともありません。

　(6)　［事例］には、他にも、D による乙壺の所有権の取得原因事実はあり
ません。

　したがって、D は、乙壺の所有者ではありませんから、D の C に対する所
有権に基づく乙壺の引渡請求は認められません。

［備考：要件事実論による整理］

1　訴訟物

　　所有権に基づく返還請求権としての動産引渡請求権

2　請求原因

　　▶**請求原因は主張自体失当です。**

第4
令和5年司法試験予備試験
論文式試験問題［民法］設問2⑵

[事例]

1　Bは、令和5年4月27日、コレクターCとの間で、Cが所有する古美術の壺乙に関して、次の内容を含む契約（以下「本件委託契約」という。）を締結した上で、同日、Cから乙の引渡しを受け、これをBの店舗内に展示することになった。

　⑴　Bは、Cから引き渡された乙につき、これを無償でCのために善良なる管理者の注意義務をもって管理し保管するものとする。他方で、CはBに対し、乙をBの店舗内において顧客に展示し、Bの名において販売する権限を与えるものとする。

　⑵　Bが乙を顧客に対して販売したときは、CがBに対し乙を代金180万円で販売する旨の契約が当然に成立するものとし、乙の所有権は、CからBに直ちに移転するものとする。なお、BのCに対する代金の支払期限は、当該売買契約成立日の翌月末日とする。

　⑶　Bは、乙につき顧客に対して販売する前にCから返還請求があったときは、乙の顧客への販売権限を当然に失い、直ちに、乙をCに対し返還しなければならないものとする。

2　令和5年5月初めから、Bの店舗には、顧客Dが頻繁に訪れて、展示物を鑑賞していた。なかでも、Dは乙に強い関心を示し、Bにいろいろと質問をしたため、BはDの質問に答えたが、その際、本件委託契約の契約書を示して、Cから委託を受けて、Bは乙の売却権限を有している旨を説明した。同月25日頃、BはDに対して、200万円で乙を販売してもよいという意向を示した。それに対してDは、しばらく考えたいと返事を留保した。

3　令和5年6月1日、Cは、Bの資金繰りが悪化したとの情報を入手したため、Bに対し、本件委託契約の契約条項⑶に基づき乙の返還を請求する旨の通知を発し、当該通知は同日中にBに到達した。しかし、

第2章　解法の実践編　第1節　司法試験予備試験論文式試験の民法の問題を解いてみよう

　　　Bは乙の展示を継続した。
4　令和5年6月2日、Bは、前記3の通知を受けたにもかかわらず、
　Bの店舗を訪れて乙購入の意向を示したDとの間で、Bを売主、Dを
　買主とし、代金を200万円とする乙の売買契約を締結した。Bは、乙
　を無償でDの自宅に後日配送するものとし、Dは、その場で代金200
　万円の全額を支払った。売買契約時、Dは乙について、Bは本件委託
　契約に基づく処分権限を現在も有していると信じていた。Bは、Dと
　の売買契約が成立した直後に、Dに対し、「乙は、以後DのためにBが
　保管する。」と告げ、売却済みの表示を施した。その後、Bは、乙を梱
　包してBの店舗のバックヤードに移動した。
5　Cが、令和5年6月3日、Bの店舗に赴いたところ、バックヤード
　で梱包済みの乙を発見し、渋るBを説き伏せて乙の引渡しを受け、自
　宅に持ち帰った。後日、Dは、Cに対し、乙の引渡しを請求した。

　　　[設問]
　DはCに対して、所有権に基づいて乙の引渡しを請求することができ
るかについて論じなさい。

　　　[解法]
1　物権の問題であることの確認
　まず、本問が物権的請求であることを確認します。予備試験ということも
あって、[設問]に「所有権に基づいて」との記載をしてくれています。そこで、
本問は物権的請求の問題であることが明らかです。
2　Cの占有の確認
　相手方が当該物を占有している事実は、必ず[事例]中にありますが、一
応それを確認しておきましょう。
　[事例]の5項の「乙の引渡しを受け、自宅に持ち帰った。」との部分です。
3　ステップ1：Dの所有権の取得の有無の確認
　(1)　まず、[事例]中に、Dが過去に乙壺を所有していた旨の記載がある
か否かを確認します。本問ではこれがありません。
　(2)　次に、[事例]から、D以外の者が過去のある時点において乙壺を所
有していた旨の記載を探します。
　[事例]の1項に、Cが令和5年4月27日に乙壺を所有していたとの記載

50

第4　令和5年司法試験予備試験論文式試験問題〔民法〕設問2⑵

があります。

　⑶　次に、〔事例〕から、上記⑵の時点以降に、Dが乙壺の所有権を取得する原因となる事実を探します。

　〔事例〕の4項に、BがDに令和5年6月2日に乙壺を売ったとの事実があります（以下「BD間売買」といいます。）から、これによって、Dが乙壺の所有権を取得したか否かを検討します。

　⑷　Bが、Cから与えられた処分権限に基づいて、Dに乙壺を売ったものであったのであれば、その効果が、乙壺の所有者であるCにも及びますから、これにより、乙壺の所有権がCからDに移転し、Dは乙壺の所有権を取得しますが、〔事例〕の3項によると、BD間売買に先立ち、Bの上記処分権限は消滅してしまいました。

　しかし、〔事例〕の4項によると、BD間売買の際、Dは、Bが上記処分権限を喪失したことを知らなかった（＝Bが本件委託契約に基づく処分権限をそのまま有していると信じていた）ということですから、代理についての規定である民法112条1項を類推することが考えられます。

> ▶同項は、「他人に代理権を与えた者は、代理権の消滅後にその代理権の範囲内においてその他人が第三者との間でした行為について、代理権の消滅の事実を知らなかった第三者に対してその責任を負う。」というものです。

　CのBに対する上記処分権限の授与は、CがBに対し乙壺の売買の代理権を授与したのと実質的に同じですから、同項の類推適用ができるというべきです。

　同項を類推することにより、BD間売買の効果が乙壺の所有者Cにも及び、CからDへと乙壺の所有権が移転したことになります。

　⑸　Dが乙壺の所有権を取得したことが確認できましたから、ステップ1を終えて、ステップ2に進みます。

4　ステップ2：Dの所有権の喪失（又は不取得）の有無の確認

　〔事例〕から、Dが乙壺の所有権を喪失した（又は不取得であった）原因となる事実を探しますが、本問の〔事例〕にはそれがありません。

　Dが乙壺の所有者であることが確認できましたから、ステップ3に進みます。

5　ステップ3：Cの占有権原の有無の確認

　〔事例〕から、Cの占有権原の発生原因となる事実の記載を探しますが、本問の〔事例〕にはそれがありません。

6 結論

したがって、Dは乙壺の所有権を有しており、かつ、Cには乙壺の占有権原がありませんから、DのCに対する所有権に基づく乙壺の引渡請求は認められます。

［備考：要件事実論による整理］

1 訴訟物

所有権に基づく返還請求権としての動産引渡請求権

2 請求原因

⑴ Cは、乙壺を所有していた。

⑵ Bは、令和5年6月2日、Dに対し、乙壺を200万円で売った。

⑶ Bは、⑵の前に、Cから、乙壺の販売権限を付与されていたが、令和5年6月1日にこれを喪失した。

⑷ Dは、⑵の際、⑶の販売権限の付与は知っていたが、その喪失は知らなかった。

⑸ Cは、乙壺を占有している。

3 請求原因に対する認否

請求原因⑴、⑸は認め、その余は不知又は否認する。

第 5　平成 31 年司法試験予備試験論文式試験問題［民法］設問 1

第5
平成31年司法試験予備試験
論文式試験問題［民法］設問1

［事例］

1　Aは早くに妻と死別したが、成人した一人息子のBはAのもとから
離れ、音信がなくなっていた。Aは、いとこのCに家業の手伝いをし
てもらっていたが、平成 20 年 4 月 1 日、長年のCの支援に対する感
謝として、ほとんど利用していなかったA所有の更地（時価 2000 万円。
以下「本件土地」という。）をCに贈与した。同日、本件土地はAから
Cに引き渡されたが、本件土地の所有権の移転の登記はされなかった。

2　Cは、平成 20 年 8 月 21 日までに本件土地上に居住用建物（以下「本
件建物」という。）を建築して居住を開始し、同月 31 日には、本件建
物についてCを所有者とする所有権の保存の登記がされた。

3　平成 28 年 3 月 15 日、Aが遺言なしに死亡し、唯一の相続人である
BがAを相続した。Bは、Aの財産を調べたところ、Aが居住してい
た土地建物のほかに、A所有名義の本件土地があること、また、本件
土地上にはCが居住するC所有名義の本件建物があることを知った。

4　Bは、多くの借金を抱えており、更なる借入れのための担保を確保
しなければならなかった。そこで、Bは、平成 28 年 4 月 1 日、本件土
地について相続を原因とするAからBへの所有権の移転の登記をした。
さらに、同年 6 月 1 日、Bは、知人であるDとの間で、1000 万円を
借り受ける旨の金銭消費貸借契約を締結し、1000 万円を受領すると
ともに、これによってDに対して負う債務（以下「本件債務」という。）
の担保のために本件土地に抵当権を設定する旨の抵当権設定契約を締
結し、同日、Dを抵当権者とする抵当権の設定の登記がされた。

5　BD間で上記 4 の金銭消費貸借契約及び抵当権設定契約が締結され
た際、Bは、Dに対し、本件建物を所有するCは本件土地を無償で借
りているにすぎないと説明した。しかし、Dは、Cが本件土地の贈与
を受けていたことは知らなかったものの、念のため、対抗力のある借

53

第2章　解法の実践編　第1節　司法試験予備試験論文式試験の民法の問題を解いてみよう

地権の負担があるものとして本件土地の担保価値を評価し、Bに対する貸付額を決定した。

6　Bが本件債務の履行を怠ったため、平成29年3月1日、Dは、本件土地について抵当権の実行としての競売の申立てをした。競売手続の結果、本件土地は、D自らが950万円（本件債務の残額とほぼ同額）で買い受けることとなり、同年12月1日、本件土地についてDへの所有権の移転の登記がされた。同月15日、Dが、Cに対し、本件建物を収去して本件土地を明け渡すよう請求する訴訟を提起したところ、Cは、Dの抵当権が設定される前に、Aから本件土地を贈与されたのであるから、自分こそが本件土地の所有者である、仮に、Dが本件土地の所有者であるとしても、自分には本件建物を存続させるための法律上の占有権原が認められるはずであると主張した。

[設問]

この場合において、DのCに対する請求は認められるか。なお、民事執行法上の問題については論じなくてよい。

[解法]

1　物権の問題であることの確認

ＤＣ間には何の債権債務関係は認められませんから、請求の根拠として考えられるのは所有権だけです。したがって、本問は物権的請求の問題です。

なお、[事例]の6項によると、DのCに対する訴訟が提起されていますから、本問は要件事実の問題そのものです。

2　Cの占有の確認

相手方が当該物を占有していることは、必ず設問中にありますが、一応それを確認しておきましょう。

[事例]の1項の「本件土地はAからCに引き渡された」との部分です。

3　ステップ1：Dの所有権の取得の確認

(1)　まず、[事例]中に、Dが過去に本件土地を所有していた旨の記載があるか否かを確認します。本問ではこれがありません。

(2)　次に、[事例]から、D以外の者が過去のある時点において本件土地を所有していた旨の記載を探します。

[事例]の1項に、Aが平成20年4月1日に本件土地を所有していたとの

54

記載があります。

（3）次に、[事例] から、上記(2)の時点以降に、Dが当該物の所有権を取得する原因となる事実を探します。

[事例] の3項によると、Aは、平成28年に遺言をせずに死亡し、唯一の相続人であるBがAを相続し、[事例] の5項によると、Bは、本件土地に、Dを抵当権者とする抵当権を設定し、[事例] の6項によると、これが実行され、競売手続においてD自身が本件土地を買い受けました。

Dが本件土地の所有権を取得したことが確認できましたから、ステップ1を終えて、ステップ2に進みます。

4　ステップ2：Dの所有権の喪失（又は不取得）の有無の確認

（1）[事例] から、Dが本件土地の所有権を喪失した（又は不取得であった）原因となる事実を探します。

（2）[事例] の1項によると、AはCに本件土地を贈与していますから、対抗関係が生じています。つまり、Aから本件土地の贈与を受けたCと、Aからの一般承継人である（＝したがってAと同一視できる）Bから本件土地に抵当権の設定を受けたDが対抗関係になります。

[事例] の3項によるとCの所有権移転登記はされていませんが、一方、[事例] の4項によるとDの抵当権設定登記がされていますから、Dは抵当権をCに対抗できます。

そして、この抵当権が実行されて、Dが買受人となったというのですから、Dはその所有権をCに対抗することができます。

したがって、対抗問題は生じましたが、Dの所有権が不取得となる原因事実にはなりませんでした。

そして、[事例] には、他に、Dの所有権の喪失（又は不取得）原因となる事実もありませんから、Dが本件土地の所有者であることが確認できたことになります。

そこで、ステップ3に進みます。

5　ステップ3：Cの占有権原の有無の確認

[事例] から、Cの占有権原の発生原因となる事実を探します。

本問は、所有者が競売によって土地の所有権を取得していますから、法定地上権の成否の検討が不可欠です。

民法388条によると、土地及びその上に存する建物が同一の所有者に属する場合において、その土地又は建物につき抵当権が設定され、その実行によ

り所有者を異にするに至ったときは、その建物について、法定地上権が成立します。

Cは、抵当権設定時に、本件土地及び本件建物の所有者でしたから、これに該当します。

なお、Cは、この土地の所有権をDに対抗できませんが、それは法定地上権の成立に影響しないとされています（最判昭和53年9月29日民集32巻6号1210頁参照）。

6　結論

したがって、Dは本件土地の所有者ですが、Cには本件土地の占有権原がありますから、DのCに対する所有権に基づく本件建物の収去及び本件土地の明渡請求は認められません。

［補足説明］

1　担保不動産競売の買受人による競売物件の所有権取得

担保不動産競売において、買受人は、競売物件の所有権を取得します（民事執行法188条・79条参照）が、これは、原始取得ではなく、承継取得と考えられています。

　▶例えば、本問では、買受人のDが本件土地の所有権を原始取得するのではなく、本件土地の所有権がBからDへと移転します。

［備考：要件事実論による整理］

1　訴訟物

所有権に基づく返還請求権としての土地明渡請求権

2　請求原因

(1)　Aは、本件土地を所有していた。

(2)　Aは、平成28年3月15日、死亡した。

(3)　Bは、Aの子である。

(4)　Dは、平成28年6月1日、Bに対し、1000万円を貸し付けた。

(5)　DとBは、平成28年6月1日、上記借入金債務の担保のために本件土地に抵当権を設定する旨の契約を締結した。

(6)　Dは、平成29年3月1日、上記抵当権を実行し、その競売手続において、自ら本件土地を買い受けた。

(7)　本件土地上には本件建物があるが、Cは同建物を所有している。

3 請求原因に対する認否

請求原因(1)、(7)は認め、その余は不知又は否認する。

4 抗弁（占有権原）

(1) Aは、平成20年4月1日、Cに対し、本件土地を贈与した。

(2) 請求原因2(5)の際、本件土地上に、Cが所有する本件建物があった。

5 抗弁に対する認否

抗弁(1)は不知又は否認し、(2)は認める。

第2章　解法の実践編　第1節　司法試験予備試験論文式試験の民法の問題を解いてみよう

第6

平成31年司法試験予備試験
論文式試験問題［民法］設問2

［事例］

1　Aは早くに妻と死別したが、成人した一人息子のBはAのもとから離れ、音信がなくなっていた。Aは、いとこのCに家業の手伝いをしてもらっていたが、平成20年4月1日、長年のCの支援に対する感謝として、ほとんど利用していなかったA所有の更地（時価2000万円。以下「本件土地」という。）をCに贈与した。同日、本件土地はAからCに引き渡されたが、本件土地の所有権の移転の登記はされなかった。

2　Cは、平成20年8月21日までに本件土地上に居住用建物（以下「本件建物」という。）を建築して居住を開始し、同月31日には、本件建物についてCを所有者とする所有権の保存の登記がされた。

3　平成28年3月15日、Aが遺言なしに死亡し、唯一の相続人であるBがAを相続した。Bは、Aの財産を調べたところ、Aが居住していた土地建物のほかに、A所有名義の本件土地があること、また、本件土地上にはCが居住するC所有名義の本件建物があることを知った。

4　Bは、多くの借金を抱えており、更なる借入れのための担保を確保しなければならなかった。そこで、Bは、平成28年4月1日、本件土地について相続を原因とするAからBへの所有権の移転の登記をした。さらに、同年6月1日、Bは、知人であるDとの間で、1000万円を借り受ける旨の金銭消費貸借契約を締結し、1000万円を受領するとともに、これによってDに対して負う債務（以下「本件債務」という。）の担保のために本件土地に抵当権を設定する旨の抵当権設定契約を締結し、同日、Dを抵当権者とする抵当権の設定の登記がされた。

5　BD間で上記4の金銭消費貸借契約及び抵当権設定契約が締結された際、Bは、Dに対し、本件建物を所有するCは本件土地を無償で借りているに過ぎないと説明した。しかし、Dは、Cが本件土地の贈与を受けていたことは知らなかったものの、念のため、対抗力のある借

第6　平成31年司法試験予備試験論文式試験問題［民法］設問2

地権の負担があるものとして本件土地の担保価値を評価し、Bに対する貸付額を決定した。

6　平成30年10月1日、Cは、本件土地の所有権の移転の登記をしようと考え、本件土地の登記事項証明書を入手したところ、AからBへの所有権の移転の登記及びDを抵当権者とする抵当権の設定の登記がされていることを知った。

　　［設問］

Cは、Dに対し、本件土地の抵当権設定登記の抹消登記手続を請求する訴訟を提起した。CのDに対する請求は認められるか。

　　［解法］

1　物権の問題であることの確認

CD間には何の債権債務関係も認められませんから、請求の根拠として考えられるのは所有権だけです。したがって、本問は物権的請求の問題です。

なお、［設問］によると、DのCに対する訴訟が提起されていますから、本問は要件事実の問題そのものです。

2　Dを抵当権者とする抵当権設定登記の確認

相手方名義の登記がある事実は、必ず［事例］中にありますが、一応それを確認しておきましょう。

［事例］の6項の「Dを抵当権者とする抵当権の設定の登記がされている」との記載です。

3　ステップ1：Cの所有権取得の有無の確認

(1)　まず、［事例］中に、Cが過去に本件土地を所有していた旨の記載があるか否かを確認します。本問ではこれがありません。

(2)　次に、［事例］から、C以外の者が過去のある時点において本件土地を所有していた旨の記載を探します。

［事例］の1項に、Aが平成20年4月1日に本件土地を所有していたとの記載があります。

(3)　次に、［事例］から、上記(2)の時点以降に、Cが当該物の所有権を取得する原因となる事実を探します。

本問では、それが二つありますが、そのどちらも検討しておきます。いずれかがステップ2で喪失する（又は不取得となる）可能性があるからです。

59

第2章　解法の実践編　第1節　司法試験予備試験論文式試験の民法の問題を解いてみよう

(4)　まず、［事例］の1項に、Aが平成20年4月1日に本件土地をCに贈与したという事実があります。これにより、Aの所有権がCに移転します。

(5)　次に、[事例]の1項にCが平成20年4月1日に本件土地の占有を開始した事実があり、[事例]の6項にそれから10年以上が経過した事実があります。前者の際に過失があったとも認められませんから、短期時効取得が完成しています。Cは、これを援用すれば、本件土地の所有権を時効取得することができます。

(6)　Cが本件土地の所有権を取得したことが確認できましたから、ステップ1を終えて、ステップ2に進みます。

4　ステップ2：Cの所有権の喪失（又は不取得）の有無の確認

(1)　［事例］から、Cが本件土地の所有権を喪失した（又は不取得であった）原因となる事実を探します。

(2)　まず、贈与による所有権取得から見てみましょう。

［事例］の3項によると、本件土地の所有者であったAが死亡し、唯一の相続人であるBが相続し、［事例］の4項によると、その後、Bが本件土地にDのために抵当権を設定しました。

BはAと同一視できますから、この抵当権設定は、AからCへの本件土地の贈与と対抗関係になっているということです。

そして、[事例]の1、6項によると、Cは所有権移転登記を経由していませんが、一方、［事例］の4項によると、Dは、抵当権の設定登記をしました。

対抗関係にあるDとCは、Dが優先しましたから、DがBを所有者とする抵当権を設定したことになる一方、Cへの所有権移転の効果は否定されます。

(3)　次に、時効取得による所有権取得ですが、これについては、所有権のCが本件土地を時効取得したことが確認できましたから、次に、ステップ3に進みます。

5　ステップ3：Dの登記保持権原の有無の確認

［事例］から、Dを抵当権者とする抵当権設定登記につき、Dの登記保持権原の発生原因となる事実を探します。

上記4(2)のとおり、抵当権がいったん発生しました。しかし、Cが本件土地を時効取得したことで、この抵当権は消滅します（大判大正13年10月7日民集3巻509頁）。

そこで、Dには、Cに対抗できる登記保持権原はありません。

6 結論

したがって、Cは本件土地の所有者であり、Dには登記保持権原がありませんから、CのDに対する所有権に基づく登記抹消請求は認められます。

［備考：要件事実論による整理］

1 訴訟物

所有権に基づく妨害排除請求権としての抵当権設定登記抹消登記請求権

2 請求原因

(1) ア(ア) Aは、本件土地を所有していた。

　　 (イ) Aは、Cに対し、平成20年4月1日、本件土地を贈与した。

　　 イ(ア) Cは、平成20年4月1日、本件土地を占有していた。

　　 (イ) Cは、平成30年4月1日、本件土地を占有していた。

　　 (ウ) Cは、(ア)の際、無過失であった。

　　 (エ) Cは、上記時効を援用した。

(2) 本件土地に、Dを抵当権者とする抵当権設定登記（以下「本件登記」という。）がある。

3 請求原因に対する認否

請求原因(1)ア(ア)及び(2)は認め、その余は不知又は否認する。

4 抗弁（対抗要件具備による所有権喪失）（請求原因(1)アに対し）

(1) Aは、平成28年3月15日、死亡した。

(2) Bは、Aの子である。

(3) Dは、平成28年6月1日、Bに対し、1000万円を貸し付けた。

(4) DとBは、平成28年6月1日、上記借入金債務の担保のために本土地に抵当権を設定する旨の契約を締結し、同日、この契約に基づき本件登記がされた。

5 抗弁に対する認否

抗弁は不知又は否認する。

第２章　解法の実践編　第１節　司法試験予備試験論文式試験の民法の問題を解いてみよう

第7
平成27年司法試験予備試験
論文式試験問題［民法］設問1

［事例］

1　Ａは、Ａ所有の甲建物において手作りの伝統工芸品を製作し、これを販売業者に納入する事業を営んできたが、高齢により思うように仕事ができなくなったため、引退することにした。Ａは、かねてより、長年事業を支えてきた弟子のＢを後継者にしたいと考えていた。そこで、Ａは、平成 26 年4月 20 日、Ｂとの間で、甲建物をＢに贈与する旨の契約（以下「本件贈与契約」という。）を書面をもって締結し、本件贈与契約に基づき甲建物をＢに引き渡した。本件贈与契約では、甲建物の所有権移転登記手続は、同年7月 18 日に行うこととされていたが、Ａは、同年6月 25 日に疾病により死亡した。Ａには、亡妻との間に、子Ｃ、Ｄ及びＥがいるが、他に相続人はいない。なお、Ａは、遺言をしておらず、また、Ａには、甲建物のほかにも、自宅建物等の不動産や預金債権等の財産があったため、甲建物の贈与によっても、Ｃ、Ｄ及びＥの遺留分は侵害されていない。また、Ａの死亡後も、Ｂは、甲建物において伝統工芸品の製作を継続していた。

2　Ｃ及びＤは、兄弟でレストランを経営していたが、その資金繰りに窮していたことから、平成 26 年 10 月 12 日、Ｆとの間で、甲建物をＦに代金 2000 万円で売り渡す旨の契約（以下「本件売買契約」という。）を締結した。本件売買契約では、甲建物の所有権移転登記手続は、同月 20 日に代金の支払と引換えに行うこととされていた。本件売買契約を締結する際、Ｃ及びＤは、Ｆに対し、Ｃ、Ｄ及びＥの間では甲建物をＣ及びＤが取得することで協議が成立していると説明し、その旨を確認するＥ名義の書面を提示するなどしたが、実際には、Ｅはそのような話は全く聞いておらず、この書面もＣ及びＤが偽造したものであった。

3　Ｃ及びＤは、平成 26 年 10 月 20 日、Ｆに対し、Ｅが遠方に居住していて登記の申請に必要な書類が揃わなかったこと等を説明した上で

62

第7 平成27年司法試験予備試験論文式試験問題〔民法〕設問1

謝罪し、とりあえずC及びDの法定相続分に相当する3分の2の持分について所有権移転登記をすることで許してもらいたいと懇願した。これに対し、Fは、約束が違うとして一旦はこれを拒絶したが、C及びDから、取引先に対する支払期限が迫っており、その支払を遅滞すると仕入れができなくなってレストランの経営が困難になるので、せめて代金の一部のみでも支払ってもらいたいと重ねて懇願されたことから、甲建物の3分の2の持分についてFへの移転の登記をした上で、代金のうち1000万円を支払うこととし、その残額については、残りの3分の1の持分と引換えに行うことに合意した。そこで、同月末までに、C及びDは、甲建物について相続を原因として、C、D及びEが各自3分の1の持分を有する旨の登記をした上で、この合意に従い、C及びDの各持分について、それぞれFへの移転の登記をした。

4　Fは、平成26年12月12日、甲建物を占有しているBに対し、甲建物の明渡しを求めた。Fは、Bとの交渉を進めるうちに、本件贈与契約が締結されたことや、上記2の協議はされていなかったことを知るに至った。

　　Fは、その後も、話し合いによりBとの紛争を解決することを望み、Bに対し、数回にわたり、明渡猶予期間や立退料の支払等の条件を提示したが、Bは、甲建物において現在も伝統工芸品の製作を行っており、甲建物からの退去を前提とする交渉には応じられないとして、Fの提案をいずれも拒絶した。

5　Eは、その後本件贈与契約の存在を知るに至り、平成27年2月12日、甲建物の3分の1の持分について、EからBへの移転の登記をした。

［設問］

　Fは、Bが上記4のFの提案をいずれも拒絶したことから、平成27年3月6日、Bに対し、甲建物の明渡しを求める訴えを提起した。FのBに対する請求が認められるかどうかを検討しなさい。

［解法］

1　物権の問題であることの確認

　FB間には何の債権債務関係は認められませんから、請求の根拠として考えられるのは所有権だけです。したがって、本問は物権的請求の問題です。

63

第2章　解法の実践編　第1節　司法試験予備試験論文式試験の民法の問題を解いてみよう

なお、[設問] によると、FのBに対する訴えが提起されていますから、本問は要件事実の問題そのものです。

2　Bの占有の確認

相手方が占有している事実は、必ず [事例] 中にありますが、一応それを確認しておきましょう。

[事例] の4項に、「甲建物を占有しているB」との記載があります。

3　ステップ1：Fの所有権取得の有無の確認

(1)　まず、[事例] 中に、Fが過去に甲建物を所有していた旨の記載があるか否かを確認します。本問ではこれがありません。

(2)　次に、[事例] から、F以外の者が過去のある時点において甲建物を所有していた旨の記載を探します。

[事例] の1項に、Aが平成26年4月20日に甲建物を所有していたとの記載があります。

(3)　次に、[事例] から、上記(2)の時点以降に、Fが当該物の所有権を取得する原因となる事実を探します。

[事例] の1項によると、Aは、平成26年6月25日に死亡し、その相続人がC、D、Eであることから、甲建物は相続人らの遺産共有となっていましたが、[事例] の2項によると、遺産分割がされるよりも前に、C、Dが、Fに、甲建物を売っています。C、Dには、Eの共有持分を処分する権限はありませんから、甲建物のC、Dの共有持分についてのみFに移転したことになります。

そして、この場合、FとEは物権共有となります（最判昭和50年11月7日民集29巻10号1525頁）。

こうして、Fは甲建物の共有持分3分の2を取得したことになりますが、共有持分権を有していれば、それに基づいて、甲建物の不法占有者に対し、その明渡しを求めることができます（大判大正10年6月13日民録27輯1155頁）。

そこで、次に、この共有持分権の喪失の有無を確認するためにステップ2に進みます。

4　ステップ2：Fの共有持分権の喪失（又は不取得）の有無の確認

[事例] から、Fが甲建物の共有持分権を喪失した（又は不取得であった）原因となる事実を探します。

[事例] の1項によると、AはBに甲建物を贈与しています。つまり、甲

64

建物のうち、Ｃ、Ｄの共有持分は、Ａ（又はそれと同一視されるＣ、Ｄ）から、ＢとＦに二重譲渡されたことになります。しかし、［事例］３項によると、対抗要件を具備したのはＦですから、ＦはＢに優先します。

したがって、対抗問題は生じましたが、Ｆの共有持分権が不取得となる原因事実にはなりませんでした。

また、［事例］には、他に、Ｆの共有持分権の喪失原因事実もありません。

したがって、Ｆが甲建物の共有持分権を有していることが確認できましたから、ステップ３に進みます。

5 ステップ３：Ｂの占有権原の有無の確認

上記のとおり、ＡはＢに甲建物を贈与していますが、［事例］の５項によると、Ｂは、同建物のＥの共有持分については、所有権移転登記を経由し、対抗要件を経由していますから、この部分は、逆に、ＢがＦに優先します。つまり、甲建物は、Ｆが３分の２、Ｂが３分の１の持分割合による共有になっているというわけです。

共有者のうちの誰に共有物を利用させるかは、共有物の「管理に関する事項」に属しますから、各共有者の持分の価格の過半数で決します（民法252条１項）。

そこで、共有物を共有者の一人が占有している場合、その占有を排除するには、共有持分価格の過半数による決定が必要であり、この決定をすることなく、その占有を排除することはできません（最判昭和41年５月19日民集20巻５号947頁）。

そこで、ＦがＢの占有を排除するためにも、この決定がされたことが必要ですが、［事例］中に、その事実はありませんから、ＦはＢに対し甲建物の明渡しを求めることができないことになります。

6 結論

したがって、Ｆは甲建物の共有持分権を有していますが、Ｂも同建物の共有者であり、Ｂの占有の排除に係る共有者間での決定はされていませんから、ＦのＢに対する同建物の明渡請求は認められせん。

［備考：要件事実論による整理］

1 訴訟物
所有権に基づく返還請求権としての建物明渡請求権

第 2 章　解法の実践編　第 1 節　司法試験予備試験論文式試験の民法の問題を解いてみよう

2　請求原因

(1)　Aは、甲建物を所有していた。

(2)　Aは、平成 26 年 6 月 25 日、死亡した。

(3)　C及びDは、Aの子である。

(4)　C及びDは、平成 26 年 10 月 12 日、F に対し、甲建物を代金 2000 万円で売った。

(5)　Bは、甲建物を占有している。

3　請求原因に対する認否

請求原因(1)、(5)は認め、その余は不知又は否認する。

4　抗弁

(1)　Aは、Bに対し、平成 26 年 4 月 20 日、甲建物を贈与した。

(2)　Eは、Aの子である。

(3)　Bは、平成 27 年 2 月 12 日、甲建物のE の共有持分の移転登記を経由した。

5　抗弁に対する認否

不知又は否認する。

第8
平成23年司法試験予備試験
論文式試験問題［民法］設問

［事例］

　Aは、平成20年3月5日、自己の所有する甲土地について税金の滞納による差押えを免れるため、息子Bの承諾を得て、AからBへの甲土地の売買契約を仮装し、売買を原因とするB名義の所有権移転登記をした。次いでBは、Aに無断で、甲土地の上に乙建物を建築し、同年11月7日、乙建物についてB名義の保存登記をし、同日から乙建物に居住するようになった。

　Bは、自己の経営する会社の業績が悪化したため、その資金を調達するために、平成21年5月23日、乙建物を700万円でCに売却し、C名義の所有権移転登記をするとともに、同日、Cとの間で、甲土地について建物の所有を目的とする賃貸借契約（賃料月額12万円）を締結し、乙建物をCに引き渡した。この賃貸借契約の締結に際して、Cは、甲土地についてのAB間の売買が仮装によるものであることを知っていた。

　その後、さらに資金を必要としたBは、同年10月9日、甲土地をDに代金1000万円で売却し、D名義の所有権移転登記をした。この売買契約の締結に際して、Dは、甲土地についてのAB間の売買が仮装によるものであることを知らず、それを知らないことについて過失もなかった。

　同年12月16日、Aが急死し、その唯一の相続人であるBがAの一切の権利義務を相続した。

［設問］

　Dは、Cに対し、甲土地の所有権に基づいて、甲土地の明渡しを求めることができるかを論ぜよ。

第2章　解法の実践編　第1節　司法試験予備試験論文式試験の民法の問題を解いてみよう

[解法]

1　物権の問題であることの確認

まず、本問が物権的請求であることを確認します。予備試験ということもあって、[設問]に「所有権に基づいて」との記載をしてくれています。そこで、本問は物権的請求の問題であることが明らかです。

2　Cの占有の確認

相手方が当該物を占有していることは、必ず[事例]中にありますが、一応それを確認しておきましょう。

[事例]の2段落で、甲土地上にある乙建物を、BがCに売却しており、これにより、Cは、同建物を所有することで同土地を占有しています。

3　ステップ1：Dの所有権取得の有無の確認

(1)　まず、[事例]中に、Dが過去に甲土地を所有していた旨の記載があるか否かを確認します。本問ではこれがありません。

(2)　次に、[事例]から、D以外の者が過去のある時点において甲土地を所有していた旨の記載を探します。

[事例]の1段落に、Aが平成20年3月5日に甲土地を所有していたとの記載があります。

(3)　次に、[事例]から、上記(2)の時点以降に、Dが当該物の所有権を取得する原因となる事実を探します。

[事例]の1段落で、Aが、平成20年3月5日に、Bに甲土地を仮装譲渡し、[事例]の3段落で、Bが、善意のDに、甲土地を売却しましたから、Dは民法94条2項により保護されます。

その論理構成としては、善意の第三者であるDの出現により、AB間の売買が有効となり、A→B→Dと所有権が移転するという考え方があります(順次取得説)。

その一方で、善意の第三者Dの出現によっても、AB間の売買が有効になるのではなく、民法94条2項による一種の法定の承継取得として、AからDへと直接所有権が移転するとする見解もあります（法定取得説）。

▶判例（最判昭和42年10月31日民集21巻8号2232頁）は、法定取得説に立つと解されています。

いずれの説に立ってもDは甲土地の所有権を取得します。そのことが確認できましたから、ステップ1を終えて、ステップ2に進みます。

68

4　ステップ2：Dの所有権の喪失（又は不取得）の有無の確認

［事例］から、Dが甲土地の所有権を喪失した（又は不取得であった）原因となる事実を探しますが、本問の［事例］にはそれがありませんでした。

Dが甲土地の所有者であることが確認できましたから、次にステップ3に進みます。

5　ステップ3：Cの占有権原の有無の確認

(1)　［事例］から、Cの占有権原の発生原因となる事実を探します。

(2)　事例の2段落によると、AがBに甲土地を仮装譲渡した後、Dが出現する前に、BとCの間で本件土地の賃貸借契約が締結されましたが、Cは、この仮装譲渡につき悪意とされていますから、民法94条2項では保護されません。

だとすると、これは他人物賃貸借がされたにすぎないことになります。Aが所有する甲土地を目的として、BC間で賃貸借契約がされたものであり、BC間の債権的効力しか有しませんから、このままでは占有権原になり得ません。

そこで、Bは、Aから甲土地の賃借権限を得る（＝賃貸借についてAの追認を得る）必要があり、この取得義務をCに対して負います（民法559条・561条）。

(3)　その後、上記3(3)のとおり、BがDに甲土地を売却し、Dが同土地の所有権を取得します。

［事例］の2段落によると、Cは、甲土地上の乙建物の所有権登記を経由していますから、上記(2)の賃借権をDに対抗するための対抗要件（借地借家法10条1項）は具備しています。

そこで、Cとしては、AがBに上記(2)の賃貸借を追認してくれれば、占有権原を取得し、それをDにも対抗できるところです。

［事例］の4段落によると、Aが死亡し、BがAを相続しましたから、これにより、当然に上記追認がされたものと同じ効果が生じます。

Cには甲土地の占有権原があることが確認できました。

6　結論

したがって、Dは甲土地の所有権者ですが、Cには同土地の占有権原がありますから、DのCに対する所有権に基づく甲土地の明渡請求は認められません。

第 2 章　解法の実践編　第 1 節　司法試験予備試験論文式試験の民法の問題を解いてみよう

［備考：要件事実論による整理］

1　訴訟物

所有権に基づく返還請求権としての土地明渡請求権

2　請求原因

⑴　Aは、平成 20 年 3 月 5 日、甲土地を所有していた。

⑵　AとBは、平成 20 年 3 月 5 日、Aが甲土地をBに売ることを偽装する合意をした。

⑶　Bは、Dに対し、平成 21 年 10 月 9 日、甲土地を代金 1000 万円で売った。

⑷　Dは、⑶の際、⑵が偽装であることを知らなかった。

⑸　Cは、乙建物を所有して甲土地を占有している。

3　請求原因に対する認否

請求原因⑴、⑸は認め、その余は不知又は否認する。

4　抗弁（占有権原）

⑴　Bは、Cに対し、平成 21 年 5 月 23 日、甲土地を賃料月額 12 万円賃貸し、これを引き渡した。

⑵　Cは、平成 21 年 5 月 23 日、甲土地上にある乙建物について、所有権移転登記を経由した。

⑶　Aは、平成 21 年 12 月 16 日に死亡した。

⑷　Bは、Aの子である。

5　抗弁に対する認否

抗弁は否認ないし争う。

70

第2節
司法試験論文式試験の民法の問題を解いてみよう

第1
令和6年司法試験論文式試験
[民事系科目第1問] 設問2

[事例]

1　令和5年9月15日、Fは、Gに無断で、Gが所有する丁土地を駐車場として使用し始めた。Gは、Fとは知らない仲ではなかったことや、G自身は丁土地を使用する予定がなかったことから、Fに対し、口頭で抗議をする以外のことをしなかった。

2　令和5年12月5日、Gは、配偶者であるHと協議により離婚し、Hとの間で離婚に伴う財産分与について協議をした。Gは、丁土地以外の財産をほとんど持っておらず、また、失職中で収入がなかった。Gは、Hに対し、Gの財産及び収入の状況を伝えるとともに、丁土地はFが無断で使用しているだけなので、いつでもFから返してもらえるはずであると説明した。

3　令和5年12月6日、GとHとの間で、離婚に伴う財産分与として、Gが丁土地をHに譲渡する契約(以下「契約③」という。)が締結された。その際、Gは、GではなくHに課税されることを心配して、そのことを気遣う発言をしたのに対し、Hは、「私に課税される税金は、何とかするから大丈夫。」と応じた。Hは、Hにのみ課税されるものと理解していた。同月11日、丁土地について、GからHへの所有権移転登記がされた。

4　令和6年1月10日、HとIとの間で、Hが丁土地を代金2000万円でIに売る契約(以下「契約④」という。)が締結された。Hは、I

71

第2章 解法の実践編 第2節 司法試験論文式試験の民法の問題を解いてみよう

に対し、丁土地の使用に係る事情について、HがGから受けた説明の
とおりに説明した。同日、Iは、Hに対し、契約④の代金を支払った。
丁土地について、HからIへの所有権移転登記は、されなかった。

5　令和6年1月15日、Gは、税理士である友人から、課税されるの
は財産分与をした側であるGであり、その額はおおよそ300万円であ
るとの指摘を受けた。Gは、契約③に係る課税についての誤解に基づ
きHとの間で契約③を締結したことに気付いたため、同日、Hに対し、
契約③をなかったこととする旨を伝えた。Iは、Gが契約③に係る課
税について誤解していたことを契約④の締結時に知らず、そのことに
ついて過失がなかった。

6　令和6年1月18日、Gは、丁土地を駐車場として使用しているFに
対し、丁土地を買わないかと持ち掛けた。Gは、丁土地の所有権の登
記名義人がHとなっていることについては、GとHとの間で契約③が
締結されたものの、Gが契約③に係る課税について誤解していたため、
契約③は既になかったこととなっているとFに説明した。同月25日、
GとFとの間で、Gが丁土地を代金2000万円でFに売る契約（以下「契
約⑤」という。）が締結された。同日、Fは、Gに対し、契約⑤の代金
を支払った。

［設問］

令和6年1月30日、Iは、丁土地を占有するFに対し、丁土地を明
け渡すよう請求した。請求が認められるかどうかを論じなさい。

［解法］

1　物権の問題であることの確認

まず、本問が物権的請求であることを確認します。IF間に債権債務関係
があるとは認められませんから、請求の根拠として考えられるのは所有権だ
けです。したがって、本問は物権的請求の問題です。

2　Fの占有の確認

相手方が占有している事実は、必ず［事例］中にありますが、一応それを
確認しておきましょう。

［事例］の6項に、「丁土地を駐車場として使用しているF」との記載があ
ります。

3　ステップ1：Ⅰの所有権取得の有無の確認

(1)　まず、［事例］中に、Ⅰが過去に丁土地を所有していた旨の記載があるか否かを確認します。本問ではこれがありません。

(2)　次に、［事例］から、Ⅰ以外の者が過去のある時点において丁土地を所有していた旨の記載を探します。

［事例］の1項に、Gが令和5年9月15日に丁土地を所有していたとの記載があります。

(3)　次に、［事例］から、上記(2)の時点以降に、Ⅰが当該物の所有権を取得する原因となる事実を探します。

［事例］の3項によると、Gは、令和5年12月6日、離婚をした際に、妻であるHに丁土地を財産分与をし（契約③）、［事例］の4項によると、Hは同土地をⅠに売却しています（契約④）。

［事例］の3、5項によると、Gは、この財産分与の基礎となる事情（課税）についてHに表示していましたが、この事情についての認識が真実に反しており、それに基づいて財産分与の意思表示をしたこと、この錯誤は「重要」といい得ることから、それを理由に、財産分与を取り消しますが、Ⅰは、この財産分与によって生じた法律関係について新たな法律上の利害を有した者（＝第三者）であり、かつ、この錯誤原因について善意無過失でしたから、民法95条4項により保護され、これにより、同土地の所有権はⅠに移転します。

Ⅰが乙土地の所有権を取得したことが確認できましたから、ステップ1を終えて、ステップ2に進みます。

4　ステップ2：Ⅰの所有権の喪失（又は不取得）の有無の確認

(1)　［事例］から、Ⅰが乙土地の所有権を喪失した（又は不取得であった）原因となる事実を探します。

(2)　［事例］の6項によると、Gは、Fに対し、丁土地を売却しています（契約⑤）から、Gを起点とした二重譲渡（G→H→Ⅰ、G→F）になっています（下記［補足説明］2参照）。

対抗関係は生じましたが、［事例］の3項によると、対抗要件を具備したのはHです。他方、［事例］によってもFは対抗要件を具備していませんから、Ⅰへの所有権移転の効力は否定されません。Fの存在は、Ⅰの「所有権不取得」の原因事実にはなりませんでした。

(3)　また、［事例］には、他に、Ⅰの所有権の喪失（又は不取得）の原因

第 2 章　解法の実践編　第 2 節　司法試験論文式試験の民法の問題を解いてみよう

となる事実もありません。

　Ｉが丁土地の所有者であることが確認できましたから、次にステップ３に進みます。

5　ステップ３：Ｆの占有権原の有無の確認

　［事例］に、Ｆの丁土地の占有権原の発生原因となる事実はありません。

　したがって、Ｆには、同土地の占有権原を有しているとは認められません。

6　結論

　したがって、Ｉは丁土地の所有者であり、かつ、Ｆは同土地の占有権原を有していませんから、Ｉは、Ｆに対し、所有権に基づき、同土地の明渡しを求めることができます。

［補足説明］

1　財産分与と錯誤

　財産分与と錯誤についての本問の［事例］は、判例（最判平成元年９月14日裁判集民 157 号 555 頁）の事例に基づいたものです（ただし、旧法下のものであり、また、基礎となる事情の明示もされていない事例です）。

2　錯誤取消しと第三者

　錯誤取消し前の第三者が保護される場合の理論構成には二説があります。

　一つ目の見解は、本問の例で説明すると、善意無過失のＩがいることで、取り消されたはずのＧＨ間の財産分与が復活し、Ｇ→Ｈ→Ｉと丁土地の所有権が移転するとする見解であり、民法の理論に忠実な見解です。本書はこの見解に立っています。

　もう一つの見解は、ＧＨ間の財産分与は復活しないが、ＧからＩへと直接所有権が移転するとする見解です。

［備考：要件事実論による整理］

1　訴訟物

　所有権に基づく返還請求権としての土地明渡請求権

2　請求原因

　⑴　Ｇは、丁土地を所有していた。

　⑵　Ｇは、令和５年 12 月６日、妻であるＨと離婚し、Ｈに対し、離婚に伴う財産分与として、丁土地を譲渡した。

　⑶　Ｇは、⑵の財産分与による課税は、Ｈのみにされると理解しており、

74

第1　令和6年司法試験論文式試験［民事系科目第1問］設問2

その旨をHに告げたうえで、上記(2)の財産分与をしたが、実際に課税されるのはGであった。

(4)　Hは、令和6年1月10日、Iに対し、丁土地を代金2000万円で売ったが、Iは、その際、(3)の錯誤について知らず、また、知らないことについて過失がなかった。

(5)　Gは、令和6年1月15日、Hに対し、上記(2)の財産分与を取り消すとの意思表示をした。

(6)　Fは、丁土地を占有している。

3　請求原因に対する認否

請求原因(1)、(6)は認め、その余は不知又は否認する。

75

第2章 解法の実践編 第2節 司法試験論文式試験の民法の問題を解いてみよう

第2
令和3年司法試験論文式試験
［民事系科目第1問］設問1

［事例］

1　令和2年4月10日、Aが所有する工作機械甲が盗まれ、行方不明
　となった。

2　令和2年4月25日、土木業を営むBは、空き地に放置されている
　甲を発見し、所有者が廃棄したものだろうと考えて、甲を持ち帰った。

3　令和2年5月1日、Bは、Cとの間で、期間を6か月間として甲を
　無償で貸す契約を締結し、同日、甲をCに引き渡した。Cは、その際、
　［事実］1及び2を知らなかった。

4　令和2年5月15日、Bは、弁済期が到来していたDに対する借入
　金債務の弁済に代えて、甲をCに貸与したままDに譲渡した。その際、
　Bは、Dに「甲は中古機械の販売業者から買った。」と虚偽の説明をし
　た。また、甲に所有者を示すプレート等はなく、他に不審な点もなかっ
　たので、Dは、Bの説明を信じた。同日、Bは、Cに対して、甲をD
　に譲渡したので、以後はDのために占有し、同年11月1日に甲をD
　に返却するよう指示し、Dは、このような方法によりBから甲の引渡
　しを受けることを了承した。

5　Aは、Cが甲を使用している事実を知り、令和2年10月15日、C
　に対して上記1の経緯を説明し、甲の返還を求めた（以下「請求1」
　という。）ところ、Cは、自分は、㋐甲の所有権を取得したDから甲を
　借りていると主張して、Aの請求に応じない。これに対して、Aは、
　㋑BからDへの譲渡後もCが甲を現実に支配する状態に変わりがない
　以上、Dは甲の所有権を取得したとはいえず、㋒いずれにせよ【事実】
　1に照らすと、CはAの請求に応じるべきであると反論した。

76

第2　令和3年司法試験論文式試験［民事系科目第1問］設問1

[設問]

　下線部⑦におけるＣの主張並びに下線部④及び⑦におけるＡの主張の根拠を明らかにし、これらの主張の当否を検討した上で、請求1の可否について論じなさい。

▶なお、実際の問題では、不当利得返還請求（請求2）もされていますが、本書では省略します。

[解法]

1　物権の問題であることの確認

　請求1は、ＡがＣに対し工作機械甲の返還（＝引渡し）を求めるものです。

　ＡＣ間には何の債権債務関係も認められませんから、請求の根拠として考えられるのは所有権だけです。したがって、本問は物権的請求の問題です。

2　Ｃの占有の確認

　相手方が占有している事実は、必ず［事例］中にありますが、一応それを確認しておきましょう。

　［事例］の5項に、「Ｃが甲を使用している」との記載があります。

3　ステップ1：Ａの所有権の取得の有無の確認

　まず、［事例］中に、Ａが過去に工作機械甲を所有していた旨の記載があるか否かを確認します。

　［事例］の1項に、Ａが令和2年4月10日に工作機械甲を所有していた旨の記載がありました。

　Ａが過去において工作機械甲を所有していたことが確認できましたから、ステップ1を終えて、ステップ2に進みます。

4　ステップ2：Ａの所有権の喪失（又は不取得）の有無の確認

　(1)　［事例］から、Ａが工作機械甲の所有権を喪失した（又は不取得であった）原因となる事実を探します。

　(2)　［事例］の4項によると、Ｂが、令和2年5月15日、Ｄに対し、債務の代物弁済として、工作機械甲を譲渡していますが、これにより、Ｄが工作機械甲の所有権を即時取得すれば、Ａは工作機械甲の所有権を喪失します。

　そこで、以下、Ｄが工作機械甲の所有権を即時取得したか否かを検討します。

　(3)　即時取得の要件（民法192条）は、平穏、公然、善意、無過失による取引行為による動産の占有の取得ですが、このうち、検討が必要なのは、［事

77

第 2 章　解法の実践編　第 2 節　司法試験論文式試験の民法の問題を解いてみよう

例］の 5 項の④でも指摘があるとおり、「占有の取得」です。

　［事例］の 4 項によると、指図による占有移転がされたにすぎず、現実の占有状態に変化がありません。指図による占有移転であっても、占有移転が客観的に認識可能な場合であれば、「占有の取得」に当たるということができます（最判昭和 57 年 9 月 7 日民集 36 巻 8 号 1527 頁参照）が、本問のように、その認識が可能ではない場合には、これに当たらないというべきです（吉田克己・物権法Ⅱ 126 頁（信山社）参照）。

　　▶**即時取得が成立するのは、一般外観上従来の占有状態に変更を生じるがごとき占有を取得した場合に限られると解すべきだからです**（最判昭和 35 年 2 月 11 日民集 14 巻 2 号 168 頁参照）。

　したがって、Dの即時取得は認められません。

　⑷　また、［事例］の 5 項の⑦でも指摘があるとおり、工作機械甲は盗品ですから、民法 193 条が適用されます。

　民法 193 条は「占有物が盗品又は遺失物であるときは、被害者又は遺失者は、盗難又は遺失の時から 2 年間、占有者に対してその物の回復を請求することができる。」としています。

　　▶**なお、同条の「占有者」は、民法 192 条と異なり、指図による占有移転による占有取得者も含まれると解されます。**

　即ち、盗品の場合、民法 192 条の要件を満たしたとしても、即時取得は原則として認められません（大判昭和 4 年 12 月 11 日民集 8 巻 923 頁）。これが認められるのは、盗難の日から 2 年間に回復請求がされなかった場合に限られます（佐久間毅・民法の基礎⑵物権（第 3 版）158 頁（有斐閣））。

　そして、この回復請求の相手方は、即時取得者からの転得者でもよいとされています（大判大正 15 年 5 月 28 日刑集 5 巻 192 頁）から、即時取得者から当該物を借りて占有している者でもよいと解されます。

　［事例］の 5 項によると、盗難から 2 年以内である令和 2 年 10 月 15 日に、被害者であるAは、Dから工作機械甲を借りているCに対し、回復請求をしましたから、いずれにしても、Dの即時取得は認められないということになります。

　⑸　［事例］に、他に、Aの所有権の喪失原因となる事実もありませんから、Aが工作機械甲の所有者であることが確認できました。そこで、次にステップ 3 に進みます。

78

5　ステップ3：Cの占有権原の有無の確認

　［事例］から、Cの占有権原の発生原因となる事実を探します。

　［事例］の3項によると、Cは、Bから、工作機械甲を借りていますが、Bは無権利者ですから、これによっても、Cには、Bに対する債権が発生するだけであって、占有権原には当たりません。

　その後、BD間で工作機械甲の譲渡がされ、その際、貸主の地位が、BからDに移転したようですが、しかし、これでも、Cには、Dに対する債権が発生するだけです。

　［事例］中には、所有者であるAに対抗できるCの占有権原の発生原因となる事実はありませんでした。

6　結論

　したがって、Aは工作機械甲の所有者であり、かつ、Cは工作機械甲の占有権原を有していませんから、Aは、Cに対し、所有権に基づき、工作機械甲の引渡しを求めることができます。

［備考：要件事実論による整理］

1　訴訟物
　所有権に基づく返還請求権としての動産引渡請求権

2　請求原因
　⑴　Aは、令和2年4月10日、工作機械甲を所有していた。
　⑵　Cは、工作機械甲を占有している。

3　請求原因に対する認否
　請求原因事実は認める。

　▶抗弁は認められない。

第2章 解法の実践編 第2節 司法試験論文式試験の民法の問題を解いてみよう

第3
平成29年司法試験論文式試験
［民事系科目第1問］設問1

[事例]

1 甲土地と乙土地は、平成14年3月31日以前は長い間いずれも更地であり、全く利用されていなかった。Aが所有する乙土地は、南側が公道に面するほかはBが所有する甲土地に囲まれた長方形の土地であるが、乙土地の実際の面積は登記簿に記載されている地積よりも小さかった。また、甲土地と乙土地の境界にはもともと排水溝があった。

2 平成14年4月1日、Aは、排水溝が埋没したのを奇貨として、登記簿記載の地積にほぼ合致するように、乙土地の東側と西側をそれぞれ5メートルほど広げる形で、柵を立てた（公道に面する南側部分を除く。以下では、この柵と南側の公道に囲まれた土地全体を「本件土地」といい、乙土地の東側に隣接する甲土地の一部を「甲1部分」と、西側に隣接する甲土地の一部を「甲2部分」という。なお、本件土地の位置関係は別紙図面のとおりであり、〔本件土地＝乙土地＋甲1部分＋甲2部分〕という関係にある。本件土地の東側・北側・西側の外周に、それぞれ柵が立てられている状態である。）。Aは、柵を立てた後も、本件土地を更地のままにしていた。

3 医師であるCは、診療所を営むことを考えており、それに適する場所を探していたところ、知人からAを紹介され、本件土地に診療所用の建物を建築することを計画した。そこで、Cは、乙土地の登記簿を閲覧した上で、Aと共に本件土地を実地に調査し、本件土地の東側・北側・西側の外周に柵があることを確認した。また、Cは、本件土地の測量を行い、その面積が乙土地の登記簿に記載されている地積とほぼ合致することを確認した。

4 AとCは、平成16年9月15日、本件土地につき、Aを賃貸人、Cを賃借人、契約期間を同年10月1日から30年間、賃料を月額20万円、使用目的を診療所用の建物の所有とする賃貸借契約（以下「本件土地

80

賃貸借契約」という。）を締結した。
5 平成16年9月25日、Cは、建築業者との間で、本件土地に診療所用の建物を建築することを目的とする請負契約を締結した（以下では、この請負契約に基づき行われる工事を「本件工事」という。）。
6 平成16年10月1日、Aは、本件土地賃貸借契約に基づき、本件土地をCに引き渡した。Cは、約定どおり、Aが指定する銀行口座に同月分以降の賃料を振り込んでいた。
7 本件工事の開始は請負人である建築業者の都合で大幅に遅れた。その間、【事実】2の柵は立てられたままであったが、本件土地は全く利用されておらず、更地のままであった。
8 平成17年6月1日になってようやく本件工事が始まった。本件工事は、乙土地と甲1部分の上で行われ、Cは、同日以降、甲2部分を工事関係者に駐車場や資材置場として利用させていた。
9 本件工事は平成18年2月15日に終了し、同日、乙土地と甲1部分の上に建築された建物（以下「丙建物」という。）につきC名義で所有権保存登記がされた。丙建物は、乙土地と甲1部分のほぼ全面を利用する形で建築された。Cは、同年4月1日に診療所を開設した。甲2部分は、それ以降、患者用駐車場（普通自動車3台分）として利用されている。
10 Bは、長い間甲土地を利用しないまま放置していたが、平成26年8月になって甲土地に建物を建築することを計画した。Bは、その際、丙建物が甲1部分に越境して建築されていること及びCが駐車場として利用している甲2部分も甲土地の一部であることに気付いた。
11 そこで、平成27年4月20日、Bは、Cに対し、所有権に基づき、甲1部分を明け渡すことを求める訴えを提起した。

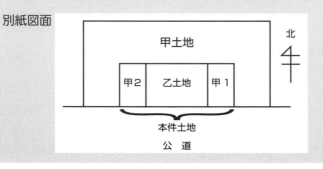
別紙図面

第2章　解法の実践編　第2節　司法試験論文式試験の民法の問題を解いてみよう

[設問]

　Cは、Bが甲1部分を所有することを認めた上でBの請求の棄却を求める場合、どのような反論をすることが考えられるか、その根拠及びその反論が認められるために必要な要件を説明した上で、その反論が認められるかどうかを検討しなさい。なお、丙建物の収去の可否及び要否について考慮する必要はない。

[解法]

1　物権の問題であることの確認

　本問は、BがCに対し甲土地の一部である甲1部分の明渡しを求める問題です。

　[事例]の11項で、所有権に基づくことが明示されていますから、本問が物権的請求の問題であることは明らかです。

　なお、[事例]の11項によると、BのCに対する訴えが提起されていますから、要件事実の問題そのものになっています。

　また、[設問]には、土地上の建物の収去については考慮する必要がないとの注意書きがあります。

2　Cの占有の確認

　相手方が占有している事実は、必ず[事例]中にありますが、一応それを確認しておきましょう。

　[事例]の6項に、「Aは、本件土地賃貸借契約に基づき、本件土地をCに引き渡した。」との記載がありますから、Cは本件土地の一部である甲1部分も占有しています。

3　ステップ1、2：Bの所有権の確認

　[設問]によると、Bが甲1部分の所有者であることをCが認めていますから、ステップ1、2の検討は不要です。そこで、直ちにステップ3に進みます。

　▶正確に言うと、Bは、甲1部分を含む甲土地の所有者です。

4　ステップ3：Cの占有権原の有無の確認

　[事例]から、Cの占有権原の発生原因となる事実を探します。

　[事例]の4項によると、Cは、Aから甲1部分を含む本件土地を賃借していますが、[事例]の1項によると、Aは甲1部分の所有者ではありませんから、甲1部分については他人物賃貸借にすぎず、この賃借権は占有権原

82

にはなりません。

しかし、［事例］の３項によると、Ｃは、賃貸人であるＡから甲１部分を含む本件土地の引渡しを受けた際に、無過失であったうえ、［事例］の６項によると、賃貸人Ａに賃料を支払い、甲１部分を含む本件土地の使用収益を続け、［事例］の11項によると、それから10年以上が経過していますから、甲１部分の賃借権の取得時効が完成しています。

そこで、この時効を援用することで、所有者に対抗できる占有権原を取得できることになります。

5　結論

Ｂは甲１部分の所有者ですが、Ｃには同土地の占有権原がありますから、ＢはＣに対し甲１部分の明渡しを求めることはできません。

そこで、Ｃが、Ｂの請求の棄却を求める場合、反論として、自己に甲１部分の占有権原があることを主張することができることになります。

［補足説明］

1　賃借権の時効取得のパターン

賃借権は時効取得することができますが、次の二つのパターンがあり、本問は②に当たります。

①　賃貸人が複数の土地を所有しており、そのうちの一つの土地だけを賃借していたが、その余の土地について賃借権の取得時効が完成する場合（最判昭和43年10月８日民集22巻10号2145頁）

②　当該土地の所有者と称する者から当該土地を賃借している場合（要は他人物賃貸借）に、その土地について賃借権の取得時効が完成する場合（最判昭和62年６月５日裁判集民151号135頁）

2　賃借権の取得時効の完成の要件

民法163条・162条２項によると、賃借権の取得時効の完成要件は、賃借権を「自己のためにする意思をもって、平穏に、かつ、公然と行使して、10年間占有し、その占有の開始の時に、善意であり、かつ、過失がなかった」ことです。

▶**賃借権を「行使して」とは、当該目的物を使用収益することです（民法601条）。**

「自己のためにする意思」とは、「賃借をする意思」のことであり、その有無は、占有取得の原因たる事実（権原の性質）によって客観的に定められるところ、判例（前掲最判昭和43年10月８日）は、これを、「①土地の継続

的な用益という外形的事実が存在し、かつ、②それが賃借の意思に基づくことが客観的に表現されていること」とします。そして、この②は、賃料の継続的支払のほか、賃貸借契約の存在が必要と解されています。

[備考：要件事実論による整理]

1　訴訟物

所有権に基づく返還請求権としての土地明渡請求権

2　請求原因

⑴　Bは、甲1部分を含む甲土地を所有している。

⑵　Cは、（丙建物を所有して）甲1部分を占有している。

3　請求原因に対する認否

請求原因事実は認める。

4　抗弁（占有権原）

⑴　Aは、平成16年9月15日、Cに対し、甲1部分を含む本件土地を、賃料月額20万円で賃貸した。

⑵　Aは、平成16年10月1日、Cに対し、上記貸借契約に基づいて、本件土地を引き渡した。

⑶　Cは、以下のことから、⑵の際、Aが甲1部分を所有していると信じることに過失がなかった。

　ア　Cは、⑴に先立ち、本件土地の地積が登記簿上Aの所有地とされている土地のそれとほぼ合致していることを確認した。

　イ　Cは、⑴に先立ち、本件土地の周りにあるAが設置した棚を確認した。

⑷　Cは、平成26年10月1日、甲1部分を占有していた。

⑸　Cは、⑵から⑷までの間、Aに対し賃料を支払い、甲1部分を含む本件土地全体の使用収益を継続した。

⑹　Cは、Bに対し、上記時効を援用した。

第4　平成29年司法試験論文式試験［民事系科目第1問］設問3

第4
平成29年司法試験論文式試験
［民事系科目第1問］設問3

［事例］

（第3（前問）の事実を前提に）

12　平成27年11月10日、Aは、Bから、甲1部分及び甲2部分を買い受けた。同日、甲土地を甲1部分、甲2部分及びその余の部分に分筆する旨の登記がされ（以下では、甲1部分を「甲1土地」、甲2部分を「甲2土地」といい、乙土地、甲1土地及び甲2土地を「本件土地」という。）、甲1土地と甲2土地のそれぞれにつきBからAへの所有権移転登記がされた。Bは、これを受けて、【事実】11の訴えを取り下げた。Aは、Cに対し、これらの事実を伝えるとともに、本件土地賃貸借契約については従来と何も変わらない旨を述べた。また、同月20日に、丙建物につき、その所在する土地の地番を、「乙土地の地番」から「乙土地の地番及び甲1土地の地番」に更正する旨の登記がされた。

13　平成28年1月に、Cは、友人Dから、勤務医を辞めて開業したいと考えているが、良い物件を知らないかと相談を受けた。Cは、健康上の理由で廃業を考えていたところであったため、Dに対し、丙建物を貸すので、そこで診療所を営むことにしてはどうか、と提案した。Dは、この提案を受け入れることにした。

14　CとDは、平成28年5月1日、丙建物について、賃貸人をC、賃借人をD、契約期間を同日から5年間、賃料を月額60万円、使用目的を診療所の経営とする賃貸借契約（以下「丙賃貸借契約」という。）を締結した。その際、CとDは、専らCの診療所の患者用駐車場として利用されてきた甲2土地について、以後は専らDの診療所の患者用駐車場として利用することを確認した。

15　平成28年5月1日以降、Dは、丙建物で診療所を営んでいる。丙建物の出入りは専ら甲1土地上にある出入口で行われ、甲2土地は、従前と同様、診療所の患者用駐車場として利用されており、3台の駐

85

第2章　解法の実践編　第2節　司法試験論文式試験の民法の問題を解いてみよう

車スペースのうち1台は救急患者専用のものとして利用されている。

16　平成28年9月3日、Aは、CD間で丙賃貸借契約が締結されたこと、Dが丙建物で診療所を営み、甲2土地を診療所の患者用駐車場として使っていることを知った。同月5日に、Aは、Cに対し、事前に了解を得ることなく、①Cが丙建物をDに賃貸し、そこでDに診療所を営ませていること、②Cが甲2土地を診療所の患者用駐車場としてDに使用させていることについて抗議をした

17　その後、Aは、Cだけでなく、Dにも連日苦情を述べるようになった。Dから対処を求められたCは、平成28年9月20日、Aに対し、50万円を支払うので今回の件をこれ以上問題にしないでほしいと申し入れた。Aは、不満ではあったものの、金策に追われていたことから、Cの申入れを受け入れることにし、AとCとの間で和解が成立した。同月25日に、Cは、Aに対し、前記和解に基づき、50万円を支払った。Dは、Cから、Aとの間で和解が成立した旨の報告を受け、引き続き診療所を営んでいる。

18　平成28年12月10日、Aは、資金繰りの必要から、Eとの間で、本件土地を6000万円でEに売却する旨の契約（以下「本件売買契約」という。）を締結した。その際、Aは、Eに対し、Cの契約違反を理由に本件土地賃貸借契約は解除されており、Cは速やかに丙建物を収去して本件土地を明け渡すことになっている旨の虚偽の説明をした。Eがこの説明を信じたため、前記代金額は、それを前提として決定され、建物の収去及び土地の明渡しが未了であることを考慮し、本件土地の更地価格（7000万円）より1000万円低く設定された。

19　平成28年12月16日、Eは、Aに対し、本件売買契約に基づき、その代金として6000万円を支払った。また、同日、本件土地の3筆それぞれにつき、本件売買契約を原因として、AからEへの所有権移転登記がされた。

20　平成29年2月20日、Eは、Cに対し、本件土地の所有権に基づき、丙建物を収去して本件土地を明け渡すことを求める訴えを提起した。

第4　平成29年司法試験論文式試験［民事系科目第1問］設問3

［設問］

　Cは、Eの請求に対しどのような反論をすることが考えられるか、その根拠を説明した上で、その反論が認められるかどうかを検討しなさい。

［解法］

1　物権の問題であることの確認

　本問は、Eが、Cに対し、丙建物を収去して本件土地（乙土地、甲1土地、甲2土地）の明け渡すことを求める問題です。

　［事例］の20項で、所有権に基づくことが明示されていますから、本問が物権的請求の問題であることは明らかです。

　なお、［事例］の20項によると、EのCに対する訴えが提起されていますから、要件事実の問題そのものになっています。

2　Cの占有の確認

　相手方が占有している事実は、必ず［事例］中にありますが、一応それを確認しておきましょう。

　前間の［事例］の6項に、「Aは、本件土地賃貸借契約に基づき、本件土地をCに引き渡した。」との記載がありますから、Cは本件土地を占有しています。

3　ステップ1：Eの所有権取得の有無の確認

　(1)　まず、［事例］中に、Eが過去に本件土地を所有していた旨の記載があるか否かを確認します。本問ではこれがありません。

　(2)　次に、［事例］から、E以外の者が過去のある時点において本件土地を所有していた旨の記載を探します。

　本件土地は、乙土地＋甲1部分＋甲2部分からなりますが、前間の［事例］の1項に、平成14年3月31日時点で、Aが乙土地の所有者であり、Bが甲1部分と甲2部分の所有者であった旨の記載があります。

　(3)　次に、［事例］から、上記(2)の時点以降に、Eが本件土地の所有権を取得する原因となる事実を探します。

　本問の［事例］の12項に、Bが、平成27年11月10日に、Aに対し、甲1部分と甲2部分を売ったとの事実があります。その後、分筆により、甲1部分が甲1土地に、甲2部分が甲2土地となり、本件土地（甲1土地、甲2土地、乙土地）の全部がAの所有になりました。

　そのうえで、本問の［事例］の19項で、Aが本件土地をEに売りましたから、

87

AからEへと本件土地の所有権が移転しました。

(4) Eが本件土地の所有権を取得したことが確認できましたから、ステップ1を終えて、ステップ2に進みます。

4　ステップ2：Eの所有権喪失（又は不取得）の有無の確認

［事例］から、Eが本件土地の所有権を喪失した（又は不取得であった）原因となる事実を探しますが、本問の［事例］には、その記載がありません。

したがって、Eが本件土地の所有者であることが確認できましたから、次に、ステップ3に進みます。

5　ステップ3：Cの占有権原の有無の確認

［事例］から、Cの占有権原の発生原因となる事実を探します。

第3（前問）の［事例］の4項に、Cが、Aから、平成16年に本件土地を賃借したとの記載があります。その頃、Aは甲1部分及び甲2部分を所有していませんでしたから、その部分は他人物売買になっていたのですが、［事例］の12項によると、その後、AがBから甲1部分及び甲2部分を買ったことで、賃借目的土地の全てについて、所有者Aが賃貸人となりました。

［事例］の18項によると、その後、本件土地の所有権がAからEに移転しましたから、Cが上記賃借権を、新所有者であるEに対抗するには、対抗要件を具備していなけばなりません。

借地の場合、対抗要件は、借地上の建物の所有権登記を具備したことです（借地借家法10条1項）が、前問の［事例］の9項に、Cが、甲1部分と乙土地上に建築した丙建物につきC名義で所有権保存登記がされたとの記載があります。

この建物は、分筆後は、甲1土地と乙土地の上にあり、その状態で、本件土地の所有権がAからEに移転しましたから、これらの土地については、賃借権の対抗要件を具備していますが、他方、甲2土地については対抗要件が具備されていません。

▶**数筆の目的土地のうち、その一部だけに建物がある場合、建物のない土地については対抗力が生じません（最判昭和40年6月29日民集19巻4号1027頁、最判昭和44年10月28日民集23巻10号1854頁）。**

しかし、［事例］の17項によると、Cは、Aに50万円を支払ってまで、本件土地の賃借権を維持したものであり、甲2土地は丙建物のための駐車場として利用していること、Eもその状況を認識して本件土地を購入したことからすると、甲2土地については、対抗要件は具備していないものの、C

88

を保護する必要はありそうです。そこで、判例（最判平成9年7月1日民集51巻6号2251頁）は、このような場合、権利濫用の法理を持ち出して、対抗力のない権原を事実上保護しています。そこで、この判例理論を用いれば、甲2土地の明渡請求は、権利濫用の法理によって排斥されることになります。

6　結論

したがって、Eは本件土地の所有者ですが、Cは甲1土地と乙土地については占有権原を有しており、また、甲2土地については権利濫用の法理を用いることができますから、Eは、Cに対し、所有権に基づく返還請求権を行使して、丙建物を収去して本件土地を明け渡すことを求めることができません。

[備考：要件事実論による整理]

1　訴訟物

所有権に基づく返還請求権としての土地明渡請求権

2　請求原因

(1)　Aは、平成28年12月10日、本件土地を所有していた。

(2)　Aは、平成28年12月10日、本件土地を代金6000万円でEに売った。

(3)　Cは、丙建物を所有して甲1土地及び乙土地を占有している。

(4)　Cは、甲2土地を占有している。

3　請求原因に対する認否

請求原因(1)、(3)、(4)は認める。

4　抗弁

(1)　占有権原（甲1土地及び乙土地について）

　ア　Aは、Cに対し、平成16年9月15日、本件土地を賃料月額20万円で賃貸し、同年10月1日、同土地を引き渡した。

　イ　Cは、平成18年2月15日、本件土地のうち甲1土地及び乙土地上に丙建物を建設し、同建物の所有権保存登記を経由した。

(2)　権利濫用（甲2土地について）

EがCに対し甲2土地の明渡しを求めることは権利の濫用に当たる。

▶実際には、その評価根拠事実を主張します。

第2章　解法の実践編　第2節　司法試験論文式試験の民法の問題を解いてみよう

第5
平成28年司法試験論文式試験
［民事系科目第1問］設問1

［事例］

1　不動産賃貸業を営むAは、その亡妻Bとの間に長男Cをもうけていた。Cは、平成23年3月に高校を卒業した後、他県の自動車販売店に整備士として雇用されたことから、Aの家を出て自分でアパートを借り、恋人のDと同棲を始めた。平成24年2月の時点で、Cは満18歳、Dは満20歳であった。

2　Cは、Bの所有していた甲土地及び乙土地をBからの相続により取得していた。甲土地及び乙土地は、更地で、Cの登記名義とされていたが、Cの親権者であるAが公租公課の支払を含め両土地の管理を行っていた。

3　平成24年2月1日、Aは、自らの遊興を原因とする1000万円を超える借金の返済に窮していたことから、C所有の甲土地及び乙土地を自らが管理していることを奇貨として、甲土地及び乙土地をCの承諾を得ずに売却し、その代金を自己の借金の返済に充てようと考えた。

4　平成24年2月10日、Aは、Cの代理人として、個人で飲食店を営む知人Eとの間で、甲土地を450万円、乙土地を600万円で売却する契約を締結した。ところが、Eはその時点で600万円しか現金を有していなかったことから、AとEは、甲土地についてはEが450万円の現金を調達できた時点でCからEへの所有権移転登記手続をすることとし、さしあたり、乙土地についてのみCからEへの所有権移転登記手続をすることで合意した。

5　平成24年2月15日、Eは、Aに対し乙土地の代金として600万円を支払い、CからEへの乙土地の所有権移転登記がされた。Aは、Eから受領した代金600万円を自らの借金の返済に充当した。これらの事実について、AはCに何も知らせなかった。

6　Eは、上記4の売買契約を締結した時点で、Aが遊興を原因として

90

第5　平成28年司法試験論文式試験［民事系科目第1問］設問1

多額の借金を抱えており、Aが乙土地の代金600万円をAの借金に充当するつもりであることを知っていた。

7　平成24年3月1日、CはAの同意を得てDと婚姻し、新婚旅行に出発したが、同月5日、Cは、新婚旅行先で海水浴中の事故により死亡した。Cの相続人はA及びDの2人である。

8　平成24年3月15日、Eは、450万円の現金を調達できたことから、Aにその旨連絡し、代金の支払と引換えに甲土地の所有権移転登記手続をするよう求めた。ところが、Aは、甲土地の地価が急騰したことから、甲土地を売却するのが惜しくなり、Eの請求に応じなかった。

9　平成24年3月20日、Eは、乙土地の地価も急騰したことから、乙土地を売却しようと考え、乙土地の売却の媒介を仲介業者に依頼した。その頃、Fは、自宅建物を建設するための敷地を探していたが、購読している新聞の折り込みチラシに乙土地が紹介されていたことから、仲介業者に問い合わせた。その後、現地を見たFは、乙土地を気に入り、Eと面識はなかったものの、Eから乙土地を購入することを決めた。

10　平成24年3月30日、Eは、Fとの間で、乙土地の売買契約を締結し、FはEに乙土地の代金として750万円を支払い、EからFへの乙土地の所有権移転登記がされた。

11　その後、Fは、乙土地上に丙建物を建築し、平成24年10月10日から丙建物での居住を開始した。

12　平成25年3月5日、Dは、Cの一周忌の法要の席上において、Aに対し、Cの遺産について尋ねたが、AはDの質問を無視した。その後も、AはDからの電話の着信や郵便物の受領を全て無視している。

13　平成25年4月15日、Dは、Cの遺産に関する自らの疑問を解消したいと考え、弁護士に調査を依頼した。

14　平成25年5月25日、Dは、上記13の調査を依頼した弁護士の報告により、上記2から11までを知った。

15　平成25年6月30日、Eは、弁護士を通じて、A及びDに対し、代金を支払うので甲土地の所有権移転登記手続をするよう求めたが、拒絶された。そこで、Eは、甲土地の売買代金全額を供託した。

第2章　解法の実践編　第2節　司法試験論文式試験の民法の問題を解いてみよう

[設問]

　Dは、Fに対し、乙土地及び丙建物に関しどのような請求をすることができるか。Dの請求の根拠及び内容を説明し、その請求の当否を論じなさい。なお、DのFに対する金銭請求については、検討を要しない。

▶本試験では、EのA、Dに対する甲土地の所有権移転登記請求についても尋ねられていますが、物権法の問題ではないため省略します。

[解法]

1　請求の内容

　本問は、どういう請求をするのかということ自体も尋ねられています。Dが乙土地の所有者であれば、同土地上に丙建物がありますから、同建物の所有者であるFに対し、建物収去土地明渡請求（＝丙建物の収去と乙土地の明渡しの請求）をすることができますし、また、乙土地にはF名義の所有権移転登記がされていますから、その抹消登記請求もすることができます。

　そこで、以下、これら二つの請求について、まとめて解説をします。

2　物権の問題であることの確認

　DとFの間に債権債務関係はありませんから、Dは、所有権に基づいて請求をするしかありません。したがって、本問は物権的請求の問題です。

3　Fの占有及び登記名義の確認

　相手方名義の占有及び登記があることは、必ず設問中にありますが、一応それを確認しておきましょう。

　[事例]の10項に乙土地にF名義の所有権移転登記がされたことの記載があり、[事例]の11項にFが丙建物を建築して、同建物を所有することによって、乙土地を占有していることの記載があります。

4　ステップ1：Dの所有権取得の有無の確認

　(1)　まず、「事例」中に、Dが過去に乙土地を所有していた旨の記載があるか否かを確認します。本問ではこれがありません。

　(2)　次に、[事例]から、D以外の者が過去のある時点において乙土地所有していた旨の記載を探します。

　[事例]の2項に、Bが、平成24年2月1日以前に、乙土地を所有していた旨の記載があります。

　(3)　次に、「事例」から、上記(2)の時点以降に、Dが乙土地の所有権を取得する原因となる事実を探します。

92

第 5　平成 28 年司法試験論文式試験［民事系科目第 1 問］設問 1

　［事例］の 2 項によると、B が死亡し、その子である C が相続により乙土地を取得したとの事実がありますから、乙土地の所有権は、C に移転しました。

　［事例］の 4 項によると、C の父 A が、C の法定代理人として、乙土地を E に売却しました（以下「A E 売買」といいます）が、これは、法定代理権の濫用であり、E もそれを知っていましたから、C にこの売買の効力は及ばず、乙土地の所有権が C から E に移転することはありません（民法 107 条）。

　もっとも、親権者の場合は、代理権の濫用に当たるというためには、利益相反行為である場合を除いて、親権者に子を代理する権限を授与した法の趣旨に著しく反すると認められる特段の事情が必要です（最判平成 4 年 12 月 10 日民集 46 巻 9 号 2727 頁）。A E 売買は利益相反行為ではありません（最判昭和 42 年 4 月 18 日民集 21 巻 3 号 671 頁参照）から、この判例の定めた要件も具備する必要があるところ、［事例］の 3 項によると、A の借金は、自らの遊興が原因と言うのですから、この特段の事情に当たるというべきです。

　［事例］の 7 項によると、C が死亡し、父 A と妻 D が相続をしましたから、乙土地はこの二名の遺産共有となります。

　▶ここでは、C を A が相続したことで、無権代理行為である A E 売買が有効となり、乙土地の所有権が E に移転するのではないかが問題となります。いわゆる無権代理と相続の問題です。たしかに、A が C を単独相続をしたのであれば、そうなります（最判昭和 40 年 6 月 18 日民集 19 巻 4 号 986 頁）。しかし、共同相続の場合は、他の相続人の追認がない限り、当該無権代理人の相続分に相当する部分においても、無権代理行為が当然に有効になるものではないとされています（最判平成 5 年 1 月 21 日民集 47 巻 1 号 265 頁）。しかるに、［事例］の 15 項によると、他の相続人である D は、追認するどころか、拒絶していますから、A E 売買は、A の相続分に相当する部分においても有効になりません。

　D が乙土地の共有持分権を取得したことが確認できましたから、ステップ 1 を終えて、ステップ 2 に進みます。

5　ステップ 2 ：D の共有持分権の喪失（又は不取得）の有無の確認

　(1)　［事例］から、D が乙土地の共有持分権を喪失した（又は不取得であった）原因となる事実を探します。

　(2)　［事例］の 10 項には、F が E から乙土地を買ったという事実がありま

93

第2章 解法の実践編 第2節 司法試験論文式試験の民法の問題を解いてみよう

す。もし、これによりFが乙土地の所有権を取得していれば、Dが同土地の共有持分権を喪失します。

そこで、Fによる乙土地の所有権取得の有無を検討します。

上記売買の売主であるEは、乙土地については無権利です。しかし、上記売買がされた際に、乙土地は、Eの名義になっていましたから、これを信頼したFを保護するために、外観法理が何か使えないでしょうか。

これが動産であれば、即時取得制度でFを保護することができます。しかし、本問の目的物は不動産です。この場合に使えるのは民法94条2項類推しかありません。しかし、同項を類推するためには、真の権利者が、E名義の登記の存在を知りながらそれを長期間放置した（最判昭和45年9月22日民集24巻10号1424頁）など、真の権利者の帰責性が必要ですが、これを基礎付ける事実は［事例］中になく、かえって、［事例］の14項によると、Dが真相を知ったのはEF間売買よりも後であったというのですから、同項の類推は認められません。

したがって、EF間売買によってはDの共有持分権の喪失は認められません。

(3) また、［事例］に、他に、Dの共有持分権の喪失原因となる事実もありませんから、Dは乙土地の共有者ということになります。

これが確認できたので、ステップ2を終えて、ステップ3に進みます。

6 ステップ3：Fの占有権原及び登記保持権原の有無の確認

［事例］中から、Fの占有権原及び登記保持権原の発生原因となる事実を確認します。本問の［事例］には、これらがありません。

7 結論

したがって、Dは乙土地の共有者であり、かつ、Fは同土地の占有権原も登記保持権原も有していませんから、Dは、Fに対し、同土地の明渡し（＝丙建物の収去及び同土地の明渡し）と、同土地のF名義の所有権移転登記の抹消を求めることができます。

［備考：要件事実論による整理］

1 建物収去土地明渡請求

(1) 訴訟物

　所有権に基づく返還請求権としての土地明渡請求権

(2) 請求原因

第5　平成 28 年司法試験論文式試験［民事系科目第 1 問］設問 1

　　　ア　Bは、乙土地を所有していた。

　　　イ　Bは死亡し、Cが相続した。

　　　ウ　Cは、平成 24 年 3 月 1 日、死亡したが、その際、DはCの配偶者
　　　　であった。

　　　エ　Fは、丙建物を所有して乙土地を占有している。

　⑶　請求原因に対する認否

　　　請求原因ア及びエは認め、その余は不知又は否認する。

2　登記抹消請求

　⑴　訴訟物

　　　所有権に基づく妨害排除請求権としての所有権移転登記抹消登記請求権

　⑵　請求原因

　　　ア　Bは、乙土地を所有していた。

　　　イ　Bは死亡し、Cが相続した。

　　　ウ　Cは、平成 24 年 3 月 1 日、死亡したが、その際、DはCの配偶者
　　　　であった。

　　　エ　乙土地にはF名義の所有権移転登記がある。

　⑶　請求原因に対する認否

　　請求原因ア及びエは認め、その余は不知又は否認する。

95

第2章　解法の実践編　第2節　司法試験論文式試験の民法の問題を解いてみよう

第6
平成27年司法試験論文式試験
［民事系科目第1問］設問1

［事例］

1　平成23年4月1日、Aは、山林である自己所有の甲土地から切り出した20本の丸太を相場価格に従い1本当たり15万円の価格で製材業者Bに売却する旨の契約を締結し、同日、Bの工場に上記20本の丸太を搬入した。その際、代金の支払時期は、同年8月1日とされた。また、Aの代金債権を担保するため、丸太の所有権移転の時期は、代金の支払時とし、代金の支払がされるまでBは丸太の処分や製材をしないことが合意された。

2　平成23年4月15日、建築業者Cは、Bが【事実】1に記した20本の丸太を購入したという噂を聞き、甲土地が高品質の材木の原料となる丸太を産出することで有名であったことから、Bに対して、上記20本の丸太を製材した上、自分に売ってほしいと申し入れた。Bは、Aとの間で【事実】1に記した合意をしていたことに加え、つい最近も、当該合意と同様の合意をしてAから別の丸太を買い入れたにもかかわらず、その代金の支払前にその丸太を第三者に転売したことがAに発覚してトラブルが生じていたこともあり、Cの申入れに応じることは難しいと考え、Cに対し、少し事情があるので、もうしばらく待ってほしい、と答えた。

　しかし、Cがそれでもなお強く申し入れるので、Cが古くからのBの得意先であることもあり、同月18日、Bは、Aに無断で、Cとの間で、上記20本の丸太を製材して20本の材木に仕上げ、これらの材木を相場価格に従い1本当たり20万円の価格でCに売却する旨の契約を締結した。その際、Cは、それまでの取引の経験から、Aが丸太を売却するときにはその所有権移転の時期を代金の支払時とするのが通常であり、最近もAB間で上記のトラブルが生じていたことを知っていたが、上記20本の丸太についてはAB間で代金の支払が既にされているもの

と即断し、特にＡ及びＢに対する照会はしなかった。

　　Ｂは、上記 20 本の丸太を製材した上、同月 25 日、Ｃから代金 400
万円の支払を受けると同時に、20 本の材木をＣの倉庫に搬入した。

3　その後、Ｃは、ＤからＤが所有する乙建物のリフォーム工事を依頼
され、平成 23 年 5 月 2 日、Ｄとの間で報酬額を 600 万円として請負
契約を締結した。その際、Ｄは、Ｃから、乙建物の柱を初めとする主
要な部分については、甲土地から切り出され、Ｂが製材した質の高い
材木を 10 本使用する予定であり、既に 10 本の在庫がある旨の説明を
受けていた。

4　Ｃは、【事実】2 に記した 20 本の材木のうち、10 本は、そのまま
自分の倉庫に保管し（倉庫に保管した 10 本の材木を、以下「材木①」
という。）、残りの 10 本は、乙建物のリフォーム工事のために使用する
ことにした（リフォーム工事のために使用した 10 本の材木を、以下「材
木②」という。）。

5　平成２３年 5 月 15 日、Ｄは乙建物から仮住まいの家に移り、Ｄが
有していた乙建物の鍵のうちの 1 本をＣに交付した。その翌日、Ｃは、
乙建物のリフォーム工事を開始し、材木②を用いて乙建物の柱を取り
替えるなどして、同年 7 月 25 日、リフォーム工事を完成させた。

　　同日、Ｄが内覧をした結果、乙建物のリフォーム工事はＤの依頼の
とおりにされたことが確認され、ＤはＣに請負の報酬額 600 万円を支
払ったが、乙建物の鍵の返還は建物内の通気の状況などを確認してか
らされることになり、鍵の返還日は同年 8 月 10 日とされた。

6　平成 23 年 8 月 1 日、【事実】1 に記した 20 本の丸太に係る代金の
支払時期が到来したので、Ａは、Ｂの工場に丸太の代金を受け取りに
行った。ところが、Ｂは、【事実】2 に記したトラブルに関して、この
頃、Ａから高額の解決金の請求をされていたことから、Ａがその請求
を取り下げない限り、丸太の代金を支払うことはできない旨を述べ、
その支払を拒絶した。Ａは、そのようなＢの対応に抗議をするとともに、
Ｂの工場内に丸太が見当たらなかったことを不審に思い、調査をした
ところ、【事実】2 から 5 までの事情が判明した。そこで、Ａは、同月
5 日、Ｃ及びＤに対してこれらの事情を伝えた。

　　驚いたＤがＣに問い合わせたところ、Ｃは、自分もＡから同じ事情
を聞かされて困っていると答えたが、いずれにしても乙建物のリフォー

第2章　解法の実践編　第2節　司法試験論文式試験の民法の問題を解いてみよう

ム工事は既に完成していることから、同月10日、CはDに乙建物の鍵を予定どおり返還した。

[設問]

Aは、Cに対して、材木①の所有権がAに帰属すると主張して、その引渡しを請求することができるか。Aの主張の根拠を説明し、そのAの主張が認められるかどうかを検討した上で、これに対して考えられるCの反論を挙げ、その反論が認められるかどうかを検討しなさい。

[解法]

1　物権の問題であることの確認

本問は、AがCに対し材木①の引渡しを請求するものです。

[設問]中に、「所有権」に基づく請求であることが明示されています。したがって、本問は物権的請求の問題であることが明らかです。

2　Cの占有の確認

相手方が占有している事実は、必ず[事例]中にありますが、一応それを確認しておきましょう。

[事例]の4項に、「Cは、【事実】2に記した20本の材木のうち、10本は、そのまま自分の倉庫に保管し（倉庫に保管した10本の材木を、以下「材木①」という。）」との記載があります。

3　ステップ1：Aの所有権取得の有無の確認

まず、[事例]中に、Aが過去に材木①を所有していた旨の記載があるか否かを確認します。

[事例]の1項に、「Aは、山林である自己所有の甲土地から切り出した20本の丸太」との記載があります。この20本のうちの10本が材木①ですから、Aが、この時点で材木①を所有していたということです。

Aが過去に材木①を所有していたことが確認できましたから、ステップ1を終えて、ステップ2に進みます。

4　ステップ2：Aの所有権の喪失（又は不取得）の確認

(1)　[事例]から、Aが材木①の所有権を喪失した（又は不取得であった）原因となる事実を探します。

(2)　[事例]の1項では、AB間で材木①を含む材木20本の売買がされましたが、所有権の移転時期は売買代金の支払時とされており、[事例]の6

98

項によると、代金の支払はされていませんから、材木①の所有権はBに移転していません。

（3）［事例］の２項では、Bが、丸太を材木に製材していますが、民法246条１項によると、物に加工がされた場合、それによりその物の価格が著しく上がった場合は、加工者がその加工物の所有権を取得しますから、このときに、Bが材木の所有権を取得し、Aがこれを喪失したのか問題となります。

しかし、［事例］の１、２項によると、Bの製材により、１本15万円の丸太が１本20万円の材木になったというだけであり、価格が著しく上がったとまではいえませんから、丸太①の所有権がAからBに移転したということはありません。

（4）［事例］の２項には、ＢＣ間で材木①を含む材木20本の売買がされた旨の記載がありますが、これが即時取得の要件（民法192条）を具備していれば、Cが材木①の所有権を即時取得し、Aはこれを喪失します。

ここでは、即時取得の要件である「無過失」の具備が問題となります。

即時取得の要件である「無過失」とは、前主が所有者であると信じるにつき過失がないことをいい（最判昭和41年６月９日民集20巻５号1011頁）、その判断は、次の２点を中心としてされます。

①　前主が所有者であることの調査確認義務の有無

②　①の義務があるとしたらその懈怠の有無

本問でも、Bが所有者であることに疑念を抱かせる事由があれば、CはBが真の所有者であるか調査すべきであり（調査確認義務の発生）、それにもかかわらず調査をしなかった（調査確認義務の懈怠）のであれば、過失があると評価されても仕方ありません。

［事例］の２項によると、Cは、BがAから当該丸太を購入したことを知っていましたが、それまでの取引の経験から、Aが丸太を売却するときはその所有権移転時期を代金支払時とするのが通常であり、最近もＡＢ間でそのことをめぐるトラブルがあったことも知っていたというのですから、Cには、Bが代金を支払ったかどうか調査確認すべき義務が発生したというべきです。

それにもかかわらず、Cは、当該丸太についてはＡＢ間で代金の支払がすでにされているものと即断し、特にA又はBに対する照会はしなかったというのですから、Cには調査確認義務の懈怠が認められます。

したがって、Cは「無過失」とはいえませんから、ＢＣ間売買によって材

第2章　解法の実践編　第2節　司法試験論文式試験の民法の問題を解いてみよう

木①の所有権を即時取得しておらず、Aはこれを喪失していません。

　(5)　そして、［事例］には、他に、Aの所有権の喪失原因となる事実もありませんから、Aは材木①の所有者ということになります。

　そこで、ステップ3に進みます。

5　ステップ3：Cの占有権原の確認

　［事例］から、Cの占有権原の発生原因となる事実を探します。

　本問の［事例］中には、Cの占有権原の発生原因となる事実はありません。

6　結論

　したがって、Aは材木①の所有者であり、かつ、Cは材木①の占有権原を有していませんから、Aは、Cに対し、所有権に基づき、材木①の引渡しを求めることができます。

7　本問の設問への解答

　本問の[設問]は、「Cに対し材木①の引渡しを求めるAの主張の根拠を説明し、そのAの主張が認められるかどうかを検討した上で、これに対して考えられるCの反論を挙げ、その反論が認められるかどうかを検討しなさい。」というものです。

　Aの主張の根拠は、自己が材木①の所有者であり、Cがこれを不法占有しているということです。また、これに対するCの反論は、Cが材木①の所有権を即時取得したことにより、Aがこれを喪失したということですが、この反論は認められません。

［備考：要件事実論による整理］

1　訴訟物

　所有権に基づく返還請求権としての動産引渡請求権

2　請求原因

　(1)　Aは、平成23年4月1日、材木①が製材される前の丸太を所有していた。

　(2)　Cは、材木①を占有している。

3　請求原因に対する認否

　請求原因事実は認める。

4　抗弁

　(1)　所有権喪失（承継取得）

　　　Aは、Bに対し、平成23年4月1日、後に材木①に製材される丸太

10本と、それ以外の丸太10本（以下、これら20本の丸太を、併せて「本件丸太」という。）を、代金1本15万円で売った。

(2) 所有権喪失（即時取得）

ア　Bは、Cに対し、平成23年4月18日、本件丸太を製材した材20本（うち10本が材木①）を、代金1本20万円で売った。

イ　Bは、Cに対し、平成23年4月25日、アに基づいて、材木①を引き渡した。

5　抗弁に対する認否

抗弁事実は不知又は否認。

6　再抗弁

(1) 所有権留保特約（抗弁(1)に対し）

AとBは、抗弁(1)の売買契約の際、所有権移転時期を代金の支払時とすることを合意した。

(2) 過失（抗弁(2)に対し）

ア　Cは、上記4(1)の売買を知っていた。

イ　Cは、従前の取引の経験から、Aが丸太を売却するときはその所有権移転時期を代金支払時とするのが通常であること、最近もAB間でそのことをめぐるトラブルがあったことを知っていた。

ウ　Cは、A又はBに対し、上記4(1)の売買について、売買代金の支払の有無を照会しなかった。

7　再抗弁に対する認否

再抗弁事実は不知又は否認。

第2章 解法の実践編 第2節 司法試験論文式試験の民法の問題を解いてみよう

第7

平成27年司法試験論文式試験 [民事系科目第1問] 設問2

[事例]

（第6（前問）の事実を前提に）

7　平成23年12月28日、Aは、甲土地上に生育している全ての立木（以下「本件立木」という。）を製材業者Eに売却する旨の契約を締結し、その代金全額の支払を受けた。そこで、Eは、平成24年1月5日から、本件立木の表皮を削ってEの所有である旨を墨書する作業を始め、同月7日までに、甲土地の東半分に生育する立木につき、明認方法を施し終えた。

8　ところが、資金繰りに窮していたAは、平成24年1月17日、甲土地及び甲土地上の本件立木をFに売却する旨の契約を締結し、同日、その代金全額の支払と引換えに、甲土地についてAからFへの所有権移転登記がされた。これに先立ち、Fは、同月4日に甲土地を訪れ、本件立木の生育状況を確認していたが、その時点ではEが本件立木への墨書を開始していなかったことから、上記契約を締結する際には、既にAからEに対し本件立木が売却されていたことをFは知らなかった。

9　平成24年1月25日、Fは、甲土地を訪れたところ、本件立木の一部にEの墨書があることに気付いた。Fは、本件立木がEに奪われるのではないかと不安になったため、本件立木を全て切り出した上で、それまでの事情を伏せて、近くに住む年金暮らしの叔父Gに、切り出した丸太を預かってもらうよう依頼した。これに対し、Gが自己の所有する休耕中の丙土地であれば丸太を預かることができると答えたことから、同年2月2日、Fは、Gとの間で、保管料を30万円とし、その支払の時期を同月9日として、切り出した丸太を預かってもらう旨の合意をし、切り出した丸太を丙土地にトラックで搬入した。

10　平成24年2月10日、Eは、甲土地の西半分に生育する立木に墨書

102

第7 平成27年司法試験論文式試験［民事系科目第1問］設問2

をするために甲土地に行ったところ、本件立木が全て切り出されていることを発見した。Eは、驚いて甲土地の近隣を尋ね歩いた結果、しばらく前にFが甲土地から切り出した丸太をトラックで搬出していたことが分かった。

11　平成24年2月13日、Eは、Fの所在を突き止め、本件立木の行方について事情を問いただしたところ、Fは、本件立木はAから購入したものであり、既に切り出してGに預けてあると答えるのみで、それ以上Eの抗議について取り合おうとしなかった。

12　そこで、Eは、平成24年2月15日、Gの所在を突き止め、確認したところ、Gが確かにFから【事実】9に記した丸太を預かっていると言うので、事情を話し、丸太を全てEに引き渡すよう求めた。Gは、Eとともに丙土地に行き、丸太を点検したところ、その一部にはEの墨書があることが分かったが、Eの墨書がないものもあったほか、丸太は全てFから預かったものであり、Fから保管料の支払もまだ受けていないことから、Eの求めに応じることはできないと答えた（これらの丸太のうち、Eの墨書がないものを、以下「丸太③」といい、Eの墨書があるものを、以下「丸太④」という。なお、Eの墨書は現在まで消えていない。）。

13　平成24年4月2日、Eは、Gに対し、丸太③及び丸太④の所有権は全てEに属し、これらをGが占有しているとして、その引渡しを求める訴えを提起した。

　　［設問］

　⑴　丸太③に関し、Gは、丸太③をEが所有することを争うことによって、Eの請求を拒否する旨主張した。このGの主張の根拠を説明した上で、Gは、どのような事実を主張・立証すべきであるか、理由を付して解答しなさい。

　⑵　丸太④に関しGは、丸太④をEが所有すること及びこれをGが占有していることは争わないが、丸太の保管料のうち丸太④の保管料に相当する金額の支払を受けるまでは、Eの請求を拒否する旨主張した。このGの主張の根拠を説明した上で、その主張が認められるかどうかを検討しなさい。

103

第2章　解法の実践編　第2節　司法試験論文式試験の民法の問題を解いてみよう

▶なお、本件において、立木ニ関スル法律による登記は行われておらず、同法の適用については考慮しなくてよい。

　　［解法］
1　物権の問題であることの確認
　EがGに対し丸太③、丸太④の引渡しを請求するものです。
　［事例］の13項に、所有権に基づく請求であることが明示されています。したがって、本問は物権的請求の問題であることが明らかです。
　また、［事例］の13項によると、訴えが提起されていますから、本問は要件事実の問題そのものです。
2　Gの占有の確認
　本問は、要件事実の問題であるため、占有の有無が必ずしも明らかになっていませんが、丸太④については、［設問］(2)によると、Gは、自ら占有していることを争っておらず、また、丸太③についても、［設問］(1)によると、Gは、自ら占有していることを特段争っていないようです。
3　ステップ1：Eの所有権取得の有無の確認
●ア　丸太③について
　(1)　まず、［事例］中に、Eが過去に丸太③を所有していた旨の記載があるか否かを確認します。本問ではこれがありません。
　(2)　次に、［事例］から、E以外の者が過去のある時点において丸太③を所有していた旨の記載を探します。
　前問の［事例］の1項に、平成23年4月1日にAが甲土地を所有している旨の記載があり、［事例］の7項に、同年12月28日に、後に丸太③になる立木を含む本件立木が甲土地に生育している旨の記載がありますから、Aが丸太③を所有していたことになります。
　(3)　次に、［事例］から、上記(2)の時点以降に、Eが丸太③の所有権を取得する原因となる事実を探します。
　［事例］の7項によると、Aは、平成23年12月28日、丸太③を含む本件立木をEに売却しています。これにより、丸太③の所有権はEに移転しました。
　Eが丸太③の所有権を取得したことが確認できましたから、ステップ1を終えて、ステップ2に進みます。

104

第7 平成27年司法試験論文式試験［民事系科目第1問］設問2

●イ 丸太④について

［設問］(2)によると、Gは、Eが丸太④の所有者であることを争っていませんから、ステップ3に進みます。

4 ステップ2：Eの所有権の喪失（又は不取得）の確認（丸太③について）

［事例］から、過去に丸太③の所有権を有していたEが、その所有権を喪失する（又は不取得となる）原因となる事実を探します。

［事例］の8項に、FがAから丸太③を含む本件材木及び甲土地を買い、甲土地の所有権移転登記を具備したとの記載があります。

丸太③について、EFは対抗関係となり、Fが対抗要件を具備しました。

▶Fが甲土地の所有権移転登記を経由した際、本件木材は甲土地上に生育していました。つまり、本件木材は、甲土地と符合して一体となるもの（民法242条）ですから、Fは、本件木材の所有権についても対抗要件を具備したということができます。

また、［事例］の9項によると、Fは、丸太③の保管をGに寄託したとの記載がありますが、EF間の優劣の効果は、丸太③を保管しているにすぎない受寄者にも及ぶと考えらえます。

したがって、EG間の訴訟においても、GがEに優先しますから、Eへの丸太③の所有権移転の効力は否定されます。

Eが丸太③の所有権を取得できなかったことが確認できましたから、丸太③の引渡請求については、ステップ3に進むまでもなく、ここで検討は終わりです。

5 ステップ3：Gの占有権原の確認（丸太④について）

丸太④については、［事例］から、Gの占有権原の発生原因となる事実を探します。

［事例］の9項によると、Fは、丸太④の保管をGに有償で寄託し、これを引き渡したとの記載があり、［事例］の9、10項によると、その支払期限が到来したとの記載があります。

そこで、Gには、丸太④につき、上記寄託報酬債権を被担保債権とする留置権が発生していますから、これを行使することで、所有者からの返還請求を拒むことができ、これを「占有権原」と呼ぶ見解もあります（第1章第1節「第4 ステップ3の概要」4参照）。

▶なお、丸太④は、被担保債務（寄託報酬債務）の債務者に属する物ではありませんが、そういう物であっても「他人の物」に当たり、その物について留

105

第2章　解法の実践編　第2節　司法試験論文式試験の民法の問題を解いてみよう

置権が発生するというのが通説です。

　［設問］(2)によると、Gはこの留置権を行使していますから、Eは、この
寄託報酬が支払われることとの引換えでない限り、丸太④の引渡しを請求す
ることができないことになります。

6　結論

　(1)　Eは、丸太③については、所有者でありませんから、Gに対し、所有
権に基づき、その引渡しを求めることができません。

　(2)　Eは、丸太④については、所有者ですが、Gが留置権を行使していま
すから、寄託報酬が支払われることとの引換えでなければ、所有権に基づき
その引渡しを求めることができません。

7　本問の設問への解答

　(1)　本問の［設問］(1)は、Eの丸太③所有をGが争う根拠、Gが主張立証
すべき事実を解答せよというものです。

　根拠としては、上記4のステップ2のEの所有権の不取得を解答します。
事実については、下記［備考］の1(4)のとおりです。

　▶このように、この頃は、司法試験の民法の論文試験では、要件事実の問題自
　体が出題されており、要件事実（訴訟において主張立証すべき事実）を解答
　しなさいという問題が出されていました。

　(2)　本問の[設問](2)は、丸太④の保管料に相当する金額の支払を受ける
までは、Eの請求を拒否する旨の主張の根拠を明らかにせよというものです。
上記5のステップ3の占有権原を解答します。

[備考：要件事実論による整理]

1　丸太③について

　(1)　訴訟物

　　所有権に基づく返還請求権としての動産引渡請求権

　(2)　請求原因

　　　ア　Aは、平成23年12月28日、丸太③の材料となる立木を所有し
　　　　ていた。

　　　イ　Aは、Eに対し、平成23年12月28日、丸太③の材料となる立
　　　　木を含む本件材木を代金〇〇円で売った。

　　　ウ　Gは、丸太③を占有している。

　(3)　請求原因に対する認否

106

第7　平成27年司法試験論文式試験［民事系科目第1問］設問2

請求原因(1)及び(3)は認め、その余は不知又は否認。

(4)　抗弁（対抗要件具備による所有権喪失）

ア　Aは、Fに対し、平成24年1月17日、丸太④の材料となる立木を含む本件材木及び甲土地を代金〇〇円で売った。

イ　Fは、本件材木が生育している甲土地の所有権移転登記を経由した。

ウ　Fは、Gに対し、平成24年2月2日、本件材木の保管を委託し、これを引き渡した。

2　丸太④について

(1)　訴訟物

所有権に基づく返還請求権としての動産引渡請求権

(2)　請求原因

ア　Eは、丸太④を所有している。

イ　Gは、丸太④を占有している。

(3)　請求原因に対する認否

請求原因は認める。

(4)　抗弁（留置権）

ア　Fは、Gに対し、平成24年2月2日、丸太④及び丸太③の保管を委託し、これらを引き渡した。

イ　FとGは、上記アの寄託契約の際、寄託報酬を30万円とすること、その支払期限を平成24年2月9日とすることを合意した。

ウ　平成24年2月9日は到来した。

エ　Gは、上記保管料の支払を受けるまでは、丸太④の引渡しを拒絶する。

107

第2章 解法の実践編 第2節 司法試験論文式試験の民法の問題を解いてみよう

第8
平成21年司法試験論文式試験
［民事系科目第2問］設問1

［事例］

1 　X株式会社（以下「X社」という。）は、機械を製造して販売する事業を営む会社である。X社が製造する機械のうち、金属加工機械は、25の機種があり、それぞれの機種に1つの型番が付されていて、その型番はPS101からPS125までである。

　　Y株式会社（以下「Y社」という。）は、ナイフやフォークなど金属製の食器を製造する事業を営む会社である。Y社が製造する商品の中でも、合金を素材とするコップは、特徴的なデザインと独特の触感が好評を得ていて、人気の商品である。

　　A株式会社（以下「A社」という。）は、物品を販売する事業を営む会社である。A社は、従来、Y社に物品を納入してきた実績がある。

2 　Y社は、数年ぶりに、主力商品のコップを製造するために使用する金属加工機械を更新することを決定し、これをA社から調達する方針を固め、Y社の役員であるBが、その実行に携わることとなった。Bは、これまでA社との折衝に当たってきた従業員のCに対し、A社との交渉においては、Y社の主力商品の製造に使用する高額の機械の調達であるから、諸事について慎重を期するよう指示した。

3 　Cは、A社の担当者と相談したところ、X社製の型番PS112という番号で特定される機種の金属加工機械を調達することが適切であると考えるに至った。Cの意向を知ったA社の担当者は、X社に問い合わせをし、型番PS112の機械の在庫があることを確認した。

4 　このようにして、YAの両社間で交渉が進められた結果、Y社は、平成20年2月1日、A社との間で、X社製の型番PS112の金属加工機械1台（新品）を代金1050万円（消費税相当額を含む。）で買い受ける旨の契約を締結した。売買代金は、まず、そのうち200万円を契約締結時に、また、残金の850万円は目的物の引渡しを受ける際に、

108

第 8　平成 21 年司法試験論文式試験［民事系科目第 2 問］設問 1

それぞれ支払うこととされた。そして、Y 社は、同日、A 社に代金の一部として 200 万円を支払った。

　なお、A 社は、前記の売買契約を締結する際、型番 PS112 の機械を X 社から近日中に売買により調達することを Y 社に伝えていた。

5　A 社の担当者は、Y 社との売買契約が締結された平成 20 年 2 月 1 日の夕刻、改めて X 社の担当者に電話をし、Y 社に転売する予定であることを告げた上、X 社から同社製の型番 PS112 の金属加工機械 1 台（新品）を購入するに当たっての契約条件を協議した。この契約条件の中には、ＡＸ間の売買代金額（消費税相当額を含む。）を 840 万円とすること、内金 100 万円は銀行振込みとし、残金 740 万円についてはA 社が支払のために約束手形 1 通を振り出して交付すること、引渡しの時期及び場所のほか、次に示す注文書の備考欄①②の内容の条件が含まれていた。契約条件の協議が整った後、A 社の担当者は X 社の担当者に対し、「後ほど発注権限のある上司の決裁を得て、正式に注文書をお送りしますのでよろしくお願いします。」と述べた。A 社の担当者は、発注権限のある上司に対し、Y 社に売り渡す型番 PS112 の機械を X 社から調達するための協議が整ったことの報告をし、その上司の決裁を得た上、次の注文書を作成し、これを X 社の担当者に送付した。この注文書の記載は、担当者間の前記の協議内容を反映するものであるが、品名欄には、型番の誤記があった。

平成 20 年 2 月 4 日

注　文　書

X 株式会社 御中

〇県〇市〇区〇町 3 － 5 － 1
Ａ株式会社
代表取締役 〇〇〇〇 印

　下記のとおりご注文いたします。
　（1）　品　　　名　　貴社製の金属加工機械（型番 PS122）
　（2）　数　　　量　　1 台
　（3）　金　　　額　　840 万円（消費税を含む）
　（4）　支払方法　　内金 100 万円は平成 20 年 2 月 12 日に貴社銀行
　　　　　　　　　　　預金口座に振込み。残金は、引渡完了の際に、弊
　　　　　　　　　　　社振出の約束手形 1 通を交付（額面額 740 万円、
　　　　　　　　　　　支払期日平成 20 年 4 月 30 日）。

第2章　解法の実践編　第2節　司法試験論文式試験の民法の問題を解いてみよう

⑸　引渡時期　　平成 20 年 2 月 15 日
⑹　引渡場所　　Ｙ株式会社工場（○県○市○町 1 － 4 － 12）に
　　　　　　　　貴社から直接納品。

〔備考〕
①　本件機械の所有権は、弊社が上記⑷記載の代金を完済するまで
　貴社が留保し、代金完済時に移転するものとします。
②　弊社が上記⑷記載の代金の一部でも支払わない場合、貴社は、
　催告をすることなく直ちに契約を解除することができるものとしま
　す。

6　この注文書を受け取ったＸ社の担当者は、受注を決定する権限のあ
る上司に対し、Ａ社の担当者と協議した契約条件で型番 PS112 の機械
の販売を受注したいと説明し、その決裁を得た上、平成 20 年 2 月 7
日、【事実】5 記載の注文書と同一内容である注文請書をＡ社に送付し
た。なお、この注文請書においても、「⑴ 品　名　弊社製の金属加工機械
（型番 PS122）」と記載されていた。同月 8 日、これを受け取ったＡ社
の担当者は、確かに注文請書を受け取った旨をＸ社に連絡した（以下
このＸＡ間の売買契約を「本件売買契約」という。）。そして、Ａ社は、
Ｘ社に対し、同月 12 日、代金の一部として 100 万円をＸ社の銀行預
金口座に振り込んだ。

7　Ｘ社の納品作業を担当する従業員は、注文請書の写しを参照しなが
ら納品の準備を進め、平成 20 年 2 月 15 日の午前に、Ａ社との約定に
より直接にＹ社の工場に、型番 PS122 の機械 1 台を搬入しようとした。
しかし、Ｙ社の側から、調達しようとしたのは型番 PS112 の機械であ
ることが指摘されたため、Ｘ社の前記従業員は、Ｘ社の受注事務担当
者と連絡を取ったところ、Ｙ社の指摘のとおりであることが確認され
た。そこで、いったん搬入を取りやめ、改めて同日午後に型番 PS112
の機械 1 台をＹ社の工場に運んだ（以下この 1 台の機械を「動産甲」
という。）。Ｙ社の担当者が、間違いなく動産甲が型番 PS112 の機械で
あることを確認し、動産甲は、滞りなく同日中にＹ社の工場に搬入さ
れた。

そこで、同日、Ｙ社は、Ａ社に対し、両社間の売買の残代金 850 万
円を支払った。また、Ａ社は、Ｘ社に対し、支払期日を平成 20 年 4

第8 平成21年司法試験論文式試験［民事系科目第2問］設問1

月30日とするＡ社振出しの額面額740万円の約束手形を交付した。
8 動産甲の取引を担当したＡ社の担当者は、平成20年2月20日、Ｙ社を訪ね、搬入の過程で機種の取り違いがあった不手際を詫び、それにもかかわらず一連の取引が無事に終了したことへの謝辞を述べた。応接に当たったＣは、取引を慎重に進めるように求めた【事実】2記載のＢの指示を踏まえ、ＸＡの両社間の代金決済について特にトラブルが起きていないか、ということを質した。これに対し、Ａ社の担当者は、代金の一部が既に支払われていること、及び残代金の支払のため平成20年4月30日を支払期日とするＡ社振出しの約束手形を交付したことを説明したが、代金が完済されるまでＸ社が動産甲の所有権を留保していることは告げなかった。Ｃは、この説明を受けたことで一応納得し、直接にＸ社に対し取引経過を照会することはしなかった。
9 その後、Ａ社は、平成20年4月30日に前記約束手形に係る手形金の支払をせず、そのころに事実上倒産した。そこで、Ｘ社は、Ａ社に対し、【事実】5記載の注文書の備考欄②の特約に基づき、同年5月2日到達の書面により、本件売買契約を解除する旨の意思表示をし、また、Ｙ社に対し、同年5月7日到達の書面により、動産甲の返還を請求した。しかし、Ｙ社がこれに応じないので、Ｘ社は、Ｙ社に対し、所有権に基づき動産甲の返還を請求する訴訟を提起した（以下この訴訟を「本件訴訟」という。）。

▶なお、本試験の[設問]は、即時取得の要件に該当する事実について尋ねるものです。その掲載及び説明は省略します。

［解法］

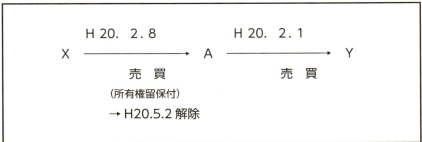

第2章　解法の実践編　第2節　司法試験論文式試験の民法の問題を解いてみよう

1　物権の問題であることの確認

本問は、XがYに対し動産甲の引渡しを請求するものです。

［事例］の9項に「所有権に基づき」とありますから、本問は物権的請求権の問題であることが明らかです。

また、［事例］の9項によると、XのYに対する訴訟が提起されていますから、本問は、要件事実の問題そのものです。

2　Yの占有の確認

相手方が当該物を占有していることは、必ず設問中にありますが、一応それを確認しておきましょう。

［事例］の7項に、「動産甲は、滞りなく同日中にY社の工場に搬入された。」との記載があります。

3　ステップ1：Xの過去の所有権取得の確認

まず、［事例］中に、Xが過去に動産甲を所有していた旨の記載があるか否かを確認します。

動産甲は、Xが製造したものであること、つまり、Xがこの製造により動産甲の所有権を原始取得したことは、当事者間に争いがないようです。

Xが動産甲を過去に所有していたことが確認できました、ステップ1を終えて、ステップ2に進みます。

4　ステップ2：Xの所有権喪失（又は不取得）の有無の確認

(1)　［事例］から、Xが動産甲の所有権を喪失した（又は不取得であった）原因となる事実を探します。

(2)　［事例］の6、7項によると、XはAに動産甲を売っていますが、［事例］の9項によると、この売買契約は債務不履行解除されていますから、Xはこの売買契約によっては所有権を喪失していません。

(3)　［事例］の7項によると、Yは、Aとの動産甲の売買契約に基づき、Aから動産甲の引渡しを受けています。

▶動産甲は、Xから直接Yに引き渡されていますが、この引渡しは、XからAへの引渡しとAからYへの引渡しの双方を含むものです。

▶Yの工場に搬入されることで動産甲の引渡しがされています（商法516条1項参照）、これにより、動産甲が売買の目的として特定されています（大判大正8年12月25日民録25輯2400頁参照）。

もし、これによりYが動産甲の所有権を即時取得すれば、Xはこれを喪失します。そこで、Yが動産甲の所有権を即時取得したかを検討します。

112

第8 平成21年司法試験論文式試験［民事系科目第2問］設問1

　民法192条所定の要件のうち、検討が必要なのは、「無過失」だけであり、それ以外の充足は問題なさそうです。

　この「無過失」とは、前主が所有者であると信じるにつき過失がないことをいい（最判昭和41年6月9日民集20巻5号1011頁）、その判断は、①前主が所有者であることの調査確認義務の有無、②この義務があるとしたらその懈怠の有無、の2点を中心としてされます。

　本問でも、Aが所有者であることに疑念を抱かせる事由があれば、YはAが真の所有者であるか調査すべきであり（調査確認義務の発生）、それにもかかわらず調査をしなかった（調査確認義務の懈怠）のであれば、過失があると評価されても仕方ありません。

　そして、［事例］の8項によると、平成20年2月20日になって、Aが所有者であることに疑念を抱かせる事由が発生しています。しかし、［事例］の4項によると、YがAから動産甲の引渡しを受けたのは同月15日です。無過失の基準時は引渡時であり、引渡後に生じた事由は無過失の判断には無関係です。

　また、［事例］には、他に、Yの上記調査確認義務の発生根拠となる事実もありません。

　したがって、Yの「無過失」は認められます。Yは、動産甲の所有権を即時取得しましたから、Xはこれを喪失しました。

　Xが動産甲の所有権を喪失したことが確認できましたから、検討は全て終わりです。

5　結論

　したがって、Xは動産甲の所有者ではありませんから、XのYに対する所有権に基づく動産甲の返還請求は認められません。

［備考：要件事実論による整理］

1　訴訟物

　所有権に基づく返還請求権としての動産引渡請求権

2　請求原因

　⑴　Xは、平成20年2月8日当時、動産甲を所有していた。

　⑵　Yは、動産甲を占有している。

3　請求原因に対する認否

　請求原因事実は認める。

113

第 2 章　解法の実践編　第 2 節　司法試験論文式試験の民法の問題を解いてみよう

4　抗弁

(1)　所有権喪失（承継取得）

　　Ｘは、Ａに対し、機械甲を 840 万円で売った（以下「本件ＸＡ間売買契約」という。）。

(2)　所有権喪失（即時取得）

　　ア　Ａは、Ｙに対し、平成 20 年 2 月 1 日、機械甲を代金 1050 万円で売った。

　　イ　Ａは、Ｙに対し、平成 20 年 2 月 15 日、機械甲を、(1)の売買に基づき、引き渡した。

5　抗弁に対する認否

　抗弁事実は不知又は否認。

6　再抗弁（抗弁(1)に対し）

(1)　ＸとＡは、本件ＸＡ間売買契約において、以下の合意をした。

　　①　売買代金の支払期限を、売買代金のうち 100 万円を平成 20 年 2 月 12 日、740 万円を支払期日平成 20 年 4 月 30 日とする。

　　②　Ａが売買代金の一部でも支払期限までに支払わない場合、Ｘは、催告をすることなく直ちに上記契約を解除することができる。

(2)　Ａは、平成 20 年 4 月 30 日までに、上記売買代金 740 万円を支払わなかった。

(3)　Ｘは、Ａに対し、平成 20 年 5 月 2 日、本件ＸＡ間売買契約を解除するとの意思表示をした。

114

第9　平成 20 年司法試験論文式試験［民事系科目第１問］設問１小問⑴

第９
平成20年司法試験論文式試験
［民事系科目第１問］設問１小問⑴

[事例]

1　Ｘは、Ａに対し、Ｘが所有していたマンション１戸（以下「甲不動産」という。）を 1000 万円で売った（甲不動産については、専有部分と分離して処分することができない敷地利用権であることが登記されており、分離処分については考慮しなくてよい。）。代金は、契約締結時に 600 万円、その２か月後に 400 万円をそれぞれ支払うという約定であった。契約締結時に、ＡはＸに 600 万円を支払い、甲不動産につきＡを名義人とする所有権移転登記がされ、また、Ａに対して引渡しがされた。

2　Ａは、Ｘとの前記売買契約締結の２週間後に、知人のＹ１に対し、甲不動産を賃貸して引き渡した。賃料は月額８万円、賃貸期間は２年間、目的は居住目的と定められた。Ｙ１は、賃貸借契約を締結する際 Ａに対し、権利金として 16 万円、敷金として 20 万円を、それぞれ交付した。

3　Ａは、Ｙ１と前記の賃貸借契約を締結するに当たり、Ｙ１に対し、転貸することとペットを飼うことを禁ずる旨口頭で説明し（なお、これらの事項は賃貸借契約書にも不動文字で印刷されていた。）、Ｙ１は、Ａに対し、それらの点については十分了解した旨伝えた。一方、Ｙ１はＡに対し、場合によってはＹ１の扶養家族（配偶者と小学生の子一人）を呼び寄せて同居する可能性があることを伝え、Ａはこれを了解していた。Ｙ１の扶養家族は、Ｙ１の配偶者の親の看病の必要からＹ１と別居していた。

　　Ｙ１は、単身で賃貸アパートに居住していたが、交通の便が悪いことから転居することを考えており Ａから甲不動産の話を聞いた際 甲不動産は自分独りで住むには広過ぎるとも考えたが 、交通の便が良いことと、賃料がそれほど高くないことから、甲不動産を賃借することとし、前記の賃貸借契約締結に至ったものであった。Ｙ１は、賃貸借契約締結の時点でＸＡ間の売買の代金のうち 400 万円が未払であることは認

115

第2章 解法の実践編 第2節 司法試験論文式試験の民法の問題を解いてみよう

識していた。

　　Ｙ１の叔父であるＹ２は、配偶者及び子二人（子はいずれも小学生）とともに、甲不動産近くの賃貸住宅で生活していたが、かねてから同住宅の賃料の支払が家計を圧迫しており、賃料が低廉な物件を探していた。そのようなときに、甥のＹ１が甲不動産を借りたことを聞きつけ、Ｙ１に対し、甲不動産を貸してくれるよう求めた。Ｙ１は、当初は、自分自身が甲不動産で生活したいことと、Ａが転貸を嫌がっていたことから、Ｙ２の申出を拒んでいたが、Ｙ２から執ように求められ、結局、これに応ずることとし、自分は従前の賃貸アパートに住み続けることとした。

4　以上のような経緯で、Ｙ１は、Ａから甲不動産の引渡しを受けた3週間後に、Ａに無断でＹ２に甲不動産を賃貸して引き渡し、Ｙ２はその家族とともに甲不動産での生活を始めた。賃料は月額8万円、賃貸期間は2年間、目的は居住目的、権利金は16万円、敷金は20万円と定められ、Ｙ２は、権利金16万円及び敷金20万円をＹ１に交付した。

5　Ｙ１は、Ｙ２と賃貸借契約を結ぶ際に、Ｙ２に対し、甲不動産をＡに無断で貸すことは、Ａから禁じられていることを説明し、あわせて、Ａに無断で貸したことが原因でＹ２が甲不動産から出て行かざるを得なくなったとしても、Ｙ１としては一切責任を負わない旨説明した。Ｙ２は、これらの点について承諾したという趣旨の「承諾書」と題する書面を作成し、署名押印の上、Ｙ１にこれを差し入れた。なお、Ｙ１はＹ２に対し、甲不動産の購入代金のうち400万円をＡがいまだＸに支払っていない事実を告げていなかった。

6　その後、Ａは、残代金400万円を約定の期日に支払うことができなかった。Ｘは、Ａが残代金を支払う可能性はないと考え、甲不動産を取り戻すことを弁護士Ｌに依頼し、これを受任したＬは、Ｘの代理人として、Ａに対し、残代金の支払を催告し、その後も残代金の支払がなかったことから甲不動産の売買契約を解除する旨の意思表示をした。

7　Ａは、残代金を支払えなかった以上は、Ｘから売買契約を解除されたことはやむを得ないと考え、登記に関する必要書類一式をＬに交付し、甲不動産のＡ名義の所有権移転登記については、前記の売買契約の解除を原因として抹消登記がされた。

8　その後、Ｌは、Ｘの代理人として、Ｙ１に対し、仮にＸがＹ１との

第9　平成20年司法試験論文式試験［民事系科目第1問］設問1小問⑴

間の甲不動産の賃貸借契約における賃貸人になるのであれば、同契約
を無断転貸を理由に解除する旨の意思表示をした。Lは、Y1とY2
に対し、甲不動産の明渡しを求めたが、Y1とY2はこれに応じよう
としない。

[設問]

　Xは、甲不動産の明渡しを得るために、Y1に対し、所有権に基づく
返還請求をすることができるか。

▶本試験の問題は、これに対する再反論の成否を尋ねるものです。

[解法]

1　物権の問題であることの確認

　本問は、XがY1に対し甲不動産の明渡しを請求するものです。

　［設問］には「所有権に基づく」との記載がありますから、本問は物権的
請求の問題であることが明らかです。

　なお、Y1は、甲不動産をY2に賃貸して引き渡していますから間接占有
者ですが、間接占有者であっても占有者ですから、実体上、同人に対する物
権的返還請求権は発生しますし、同人を被告として当該物の明渡しを請求す
る訴訟を提起することもできます（大判昭和3年1月28日民集17巻1頁）。

2　Y1の占有の確認

　相手方が占有している事実は、必ず［事例］中にありますが、一応それを
確認しておきましょう。

　［事例］の2項に、Y1が甲不動産の引渡しを受けた旨の記載があります。

▶もっとも、上記1のとおり、Y1は間接占有者です。

3　ステップ1：Xの所有権取得の有無の確認

　まず、［事例］中に、Xが過去に甲不動産を所有していた旨の記載がある
か否かをまず確認します。

　［事例］の1項に、これがありました。「Xが所有していたマンション1戸
（以下「甲不動産」という。）」との記載です。

　Xが過去に甲不動産を所有していたことが確認できましたから、ステップ
1を終えて、ステップ2に進みます。

4　ステップ2：Xの所有権の喪失（又は不取得）の有無の確認

　⑴　［事例］から、Xが甲不動産の所有権を喪失した（又は不取得であった）

117

原因となる事実を探します。

(2) ［事例］の１項にＸがＡに甲不動産を売ったとの記載がありますから、これによりＸが甲不動産の所有権を喪失したかのように思われましたが、［事例］の６項には、この売買契約が解除されたとの記載がありますから、この売買契約は遡及的に消滅しており、Ｘはこの契約によっては甲不動産の所有権を喪失していません。

(3) また、［事例］には、他に、Ｘの所有権喪失原因となる事実はありません。

以上によると、Ｘは甲不動産の所有権を喪失しておらず、同不動産の所有者であることが確認できましたから、ステップ２を終えて、ステップ３に進みます。

5　ステップ３：Ｙ１の占有権原の有無の確認

［事例］から、Ｙ１の占有権原の発生原因となる事実を探します。

［事例］の２項によると、Ｙ１は、上記４(2)の売買契約の解除より前に、Ａから甲不動産を賃借し、その引渡しを受けています。

その後、この売買契約が解除されたため、甲不動産の所有者は、ＡからＸへと復帰的変動をしましたが、Ｙ１は、いわゆる解除前第三者に当たる上、対抗要件（＝引渡し（借地借家法31条１項））も具備していますから、民法545条１項ただし書により保護されます。

▶**民法545条１項ただし書の第三者に当たるには、対抗要件の具備が必要であるというのが、判例です。**

そこで、この賃借権がＹ１の占有権原となります。

6　結論

したがって、Ｘは甲不動産の所有者ですが、Ｙ１には同不動産の占有権原がありますから、Ｘは、Ｙ１に対し、所有権に基づき同不動産の明渡しを求めることができません。

［備考：要件事実論による整理］

1　訴訟物

所有権に基づく返還請求権としての建物明渡請求権

2　請求原因

(1) Ｘは、甲不動産をもと所有していた。

(2) Ｙ１は、甲不動産を占有している。

3　請求原因に対する認否

第9 平成20年司法試験論文式試験［民事系科目第1問］設問1小問(1)

請求原因事実は認める。

4 抗弁

(1) 主位的抗弁－所有権喪失

Xは、Aに甲不動産を1000万円で売った。

(2) 予備的抗弁－占有権原（主位的抗弁及び再抗弁を前提に）

Aは、(1)の後、下記6の解除の前に、Y1に対し、甲不動産を賃料月額8万円で賃貸し、これを引き渡した。

5 抗弁に対する認否

抗弁は否認又は不知。

6 再抗弁（抗弁(1)に対し）

Xは、Aに対し、抗弁(1)の売買の代金の一部不払があったことから、抗弁(1)の売買契約を催告解除した。

7 再抗弁に対する認否

再抗弁は否認又は不知。

119

第2章 解法の実践編 第2節 司法試験論文式試験の民法の問題を解いてみよう

第10
平成20年司法試験論文式試験
［民事系科目第1問］設問1小問⑶

［事例］
第9（前問）［事例］参照。

［設問］
Xは、甲不動産の明渡しを得るために、Y2に対し、所有権に基づく明渡請求をすることができるか。なお、Y1Y2間の賃貸借は、賃貸人Aとの関係で背信行為と認めるに足りない特段の事情が存在するものとする。

▶本試験の問題は、この特段の事情の具体的内容について尋ねるものです。

［解法］
1 物権の問題であることの確認

本問は、XがY2に対し甲不動産の明渡しを請求するものです。

［設問］には「所有権に基づく」との記載がありますから、本問は物権的請求の問題であることが明らかです。

2 Y2の占有の確認

相手方が占有している事実は、必ず［事例］中にありますが、一応それを確認しておきましょう。

第9（前問）の［事例］の4項に、Y2がY1から甲不動産の引渡しを受けた旨の記載があります。

3 ステップ1、2

ステップ1、2については第9（前問）と同じです。

4 ステップ3：Y2の占有権原の有無の確認

［事例］から、Y2の占有権原の発生原因となる事実を探します。

第9（前問）の［事例］の2項によると、Y1は、XA間の売買契約の解除より前に、Aから甲不動産を賃借し、その引渡しを受けています。

120

また、第9（前問）の [事例] の4項によると、Ｙ2は、上記売買契約の解除より前に、Ｙ1から甲不動産を転借し、その引渡しを受けています。そして、［設問］によると、この転貸は、賃貸人Ａとの関係で背信行為と認めるに足りない特段の事情が存在します。

その後、売買契約が解除されたため、甲不動産の所有者は、ＡからＸへと復帰的変動をしましたが、Ｙ2は、いわゆる解除前第三者に当たる上、対抗要件（＝引渡し（借地借家法31条1項））も具備していますから、民法545条1項ただし書により保護されます。

▶民法545条1項ただし書の第三者に当たるには、対抗要件の具備が必要であるというのが、判例です。

したがって、これが、Ｙ2の占有権原となります。

5　結論

したがって、Ｘは甲不動産の所有者ですが、Ｙ2には同不動産の占有権原がありますから、Ｘは、Ｙ2に対し、所有権に基づき甲不動産の明渡しを求めることができません。

［補足説明］

1　転貸借の承諾に代わる「背信性の不存在」

転貸借について原賃貸人（所有者）の承諾がない場合でも、当該賃貸借が原賃貸人に対する背信行為と認めるに足りない特段の事情があれば、転借人は、原賃貸人に対し、当該転貸借を対抗することができます（最判昭和36年4月28日民集15巻4号1211頁）。

［備考：要件事実論による整理］

1　訴訟物

所有権に基づく返還請求権としての建物明渡請求権

2　請求原因

⑴　Ｘは、甲不動産をもと所有していた。

⑵　Ｙ1は、甲不動産を占有している。

3　請求原因に対する認否

請求原因事実は認める。

4　抗弁

(1) 主位的抗弁－所有権喪失

　　Ｘは、Ａに甲不動産を 1000 万円で売った。

(2) 予備的抗弁－占有権原（主位的抗弁及び再抗弁を前提に）

　　ア　Ａは、(1)の後、下記６の解除の前に、Ｙ１に対し、甲不動産を賃料月額８万円で賃貸し、これを引き渡した。

　　イ　Ｙ１は、アの後、Ｙ２に対し、甲不動産を賃料月額８万円で賃貸し、これを引き渡した。

　　ウ　イには、Ａとの関係で背信行為と認めるに足りない特段の事情が存在する。

▶**実際には、その評価根拠事実を記載します。**

5　抗弁に対する認否

　抗弁は否認又は不知。

6　再抗弁（抗弁(1)に対し）

　Ｘは、Ａに対し、抗弁(1)の売買に係る代金の一部不払があったことから、抗弁(1)の売買契約を催告解除した。

7　再抗弁に対する認否

　再抗弁は否認又は不知。

要件事実の考え方で解いてみよう

司法試験・予備試験の民法の解法
-物権編-

令和 7 年 3 月 10 日　初版第 1 刷発行
著　者　岡口　基一

発行者　株式会社　創耕舎

発行所　株式会社　創耕舎

〒136-0074　東京都江東区東砂4-24-3-332
コスモ21 ザ・ガーデンズフォート
TEL/FAX　03-5875-0704
URL　https://soko-sha.com/

〈検印省略〉

©2025 Printed in Japan　　印刷・製本　モリモト印刷株式会社

・定価はカバーに表示してあります。
・落丁・乱丁はお取り替えいたします。

ISBN978-4-908621-24-6　〈C3032〉